1620.

Y1888 سنة

V

Jw. 1574

TRAITÉ

DE LA MVSIQVE

THEORIQVE ET PRATIQVE,

Contenant les preceptes de la
Composition.

PAR LE R. P. ANTOINE PARRAN,
de la Compagnie de IESVS.

A PARIS,

Par PIERRE BALLARD, Imprimeur du Roy pour la
Musique, demeurant ruë Sainct Iean de Beauuais,
à l'enseigne du Mont Parnasse.

1 6 3 9.

Auec Priuilege de sa Majesté.

AV ROY.

SIRE,

Il ne faut plus que la Musique
cherche ses titres d'honneur dans les
pensées de ces Philosophes, ou Poëtes anciens, depuis qu'il a pleu à vostre Majesté, qui n'aime que les bon-
nes choses, luy donner vn rang si honorable entre les plai-
sirs les plus raisonnables d'vne vie Royale, & que vostre
pieté l'a renduë non seulement innocente aupres d'elle, mais
encore presque toute Chrestienne, par le cours que son estime donne aux pieces faites à l'honneur de Dieu. Ie sçay
bien qu'vn Pythagore a voulu trouuer entre les Cieux
mesmes les Tons & les Semitons necessaires pour faire le
Diapason, la plus parfaite des Consonances, & que les
Poëtes ont voulu suiure sa pensée lors qu'ils ont dit, que
leur Apollon, qui n'est autre que le Soleil, qui tient le milieu dans les Cieux entre les Planettes, presidoit au milieu des Muses à la Musique des Dieux. Mais
si en cela leur Philosophie a proposé, ou leur Poësie si-

ã ij

gnifie quelque chofe de vray, ils ont fans doute dit plus qu'ils ne fçauoyent. C'eft pourquoy je ne m'arrefte pas volontiers aux recherches incertaines de leur efprit fur cette Mufique celefte. Ie ne parle icy que de celle que les hommes font icy bas, dont j'enfeigne la fpeculatiue & la pratique par vn Traité que j'ofe bien dedier à voftre Majefté, que nous regardons particulierement depuis ce Dieudonné qu'elle a, comme la bien-aimée du Ciel, parce que je me promets que fon cœur plus Royal que jamais, ne dédaignera pas maintenant ny le difcours ny les pieces de noftre Mufique, qu'elle defiroit autrefois entendre lors que j'accompagnois aupres d'elle vn de nos Peres, où l'honneur que j'auois de la voir fouuent, & d'eftre quelque fois veu d'elle, me faifant cognoiftre de plus pres fes fainctes inclinations, a augmenté l'affection qu'a toufiours eu de luy rendre fes petits feruices, & offrir à Dieu fes vœux & fes facrifices pour elle,

DE VOSTRE MAJESTÉ

Le tres-humble, tres-obeïffant,
& tres-fidele fujet & feruiteur,
ANTOINE PARRAN,
de la Compagnie de IESVS.

AV LECTEVR.

ON cher Lecteur, si vous auez agreable les preceptes du Contrepoint Musical qui n'ont point encore esté veus, ny donnez au public par la main d'aucun que je sçache, qui est la cause pour laquelle j'ay entrepris cet ouurage; lisez les attentiuement jusques au bout, & taschez de bien entendre l'intention de l'Autheur, qui est d'enseigner la Composition. Tout le Liure est diuisé en quatre parties: La premiere contient les Principes de cet Art: La seconde explique les Interualles & Consonances: La troisiesme donne les Reigles & la pratique du Contrepoint. La quatriesme fait voir les effets de la Musique dans l'estenduë des douze Modes. Vous trouuerez à la fin quelques fautes qui se sont rencontrées en l'impression, lesquelles je voudrois bien que vous leussiez, & corrigeassiez auant que de lire le Traité, du moins les principales.

Permission du Reuerend Pere Prouincial.

E Estienne Binet Prouincial de la Compagnie de IESVS en la Prouince de France, suiuant le Priuilege qui nous a esté octroyé par les Roys Tres-Chrestiens, Henry III. le 10. May 1585. Henry IV. le 20. Decembre 1606. & Loüys XIII. à present regnant, le 14. Feurier 1611. par lequel il est defendu à tous Imprimeurs & Libraires d'imprimer ou faire imprimer aucun Liure de ceux qui sont composez par quelqu'vn de nostre dite Compagnie, sans permission des Superieurs d'icelle. Ie permets à Pierre Ballard Imprimeur ordinaire du Roy pour la Musique, de pouuoir imprimer, vendre, & debiter vn Liure ayant pour titre, Traité de la Musique Theorique, & Pratique, composé par le P. Antoine Parran de la mesme Compagnie, approuué par deux excellents Maistres de Paris. Fait à Molins ce 23. de Nouembre 1638.

ESTIENNE BINET.

ã iij

TABLE DES MATIERES ET CHAPITRES
CONTENVS EN CE LIVRE.

TABLE.

TABLE.

F I N.

PREMIERE PARTIE
DV TRAITE' DE LA MVSIQVE
THEORIQVE ET PRATIQVE,
qui font les Principes generaux.

CHAPITRE I.

De la vertu & excellence de la Mufique.

L A Mufique a efté de tout temps fi agreable, & bien venuë chez l'Antiquité, qu'elle s'en eft feruie prefque dans toutes fes actions les plus fignalées; comme eftoyent fes facrifices, banquets, guerres, nopces, & funerailles : dont s'enfuiuoit que comme elle honoroit grandement ceux qui en auoyent quelque cognoiffance; auffi refufoit elle cét honneur à ceux qui s'en rendoyent indignes par leur ignorance. C'eft ce que nous tefmoignent les bons Autheurs, comme vn Martianus Capella, lequel dit que les Romains alloyent à la guerre auec des cornets, trompettes, & clairons. Qui ne fçait que c'eftoit la couftume ancienne parmi les grands perfonnages de joüer des fleutes, & inftruments à chordes dans leurs feftins de rejoüiffance? de forte que Themiftocle, quoy que braue Capitaine, ayant refufé en vn banquet de joüer de la Harpe (de laquelle il n'entendoit pas le jeu) ternit le luftre de la gloire qu'il auoit acquife dans les hazards de la guerre. Cecy ne fait pas moins à fa loüange, qu'en plufieurs villes de Grece on chantoit les loix du païs fur la Lyre, pour inciter vn chacun à les mieux garder. Vn certain Theophile joüeur de Harpe difoit fort à propos, qu'elle

A

estoit vn grand thresor aux gens doctes, & bien versez en la cognoissance des nombres, & proportions Harmoniques. Dauantage elle
reforme les mœurs, rompt la cholere, & appaise les discordes. Ce qui
a fait dire au Poëte Eubule, au rapport d'Athenée, qu'elle a quelque
force secrette pour le maniement des esprits, dans lesquels elle opere
toujours quelque nouueau changement. Ie sçay bien que les Sybarites
l'exilerent, & exterminerent de leur Republique, mais c'estoit vn peuple dénaturé & brutal, qui ne sçauoit que c'estoit de ciuilité : au contraire, tous les mieux sensez & ciuilisez auec Aristote en ses Politiques,
& auec Platon en sa Republique, l'ont retenuë & recommandée comme chose fort propre pour les bonnes mœurs, & ne luy ont preferé aucune autre science.

Lib 8. Polit.
5. 6. & 7.

Si je voulois faire comme les Philosophes qui prennent l'excellence
des choses par leur origine, je confirmerois ma premiere proposition
touchant la dignité de la Musique, par ses quatre causes, & dirois que
Dieu en est l'Autheur, qui a fait toutes choses, *In pondere, numero, &*
mensura, en poids, nombre & mesure. Ie dirois que sa fin c'est la gloire
de Dieu, l'occupation des Saincts, l'entretien des Anges, & la joye innocente du monde. Mais helas! cette fin a bien degeneré de l'intention
de son Autheur, puis que les happeaux de Satan ne l'employent qu'à
la perte des ames, pipants l'oreille par leurs pernicieuses chansons,
pour engluer dans quelque volupté les plus masles courages. Ie con-
uierois volontiers ces gens là au cruel spectacle que montra Phere-
crates chez Plutarque en son Traité de Musique, pour leur faire voir
le tort qu'ils font à son innocence; il representa là Musique en habit
de femme, ayant tout le corps deschiré de coups de verges, & la Iustice
qui luy demandoit la cause de ce mauuais estat où elle se trouuoit. A
quoy la Musique respondoit, que cét estat tesmoignoit l'abus qui s'e-
stoit glissé dans l'exercice de son Art.

Ie laisse la cause materielle, qui est le sujet des pieces harmonieuses,
c'est à dire la verbo correspondant à la solfo, comme disent nos Ita-
liens, dont la beauté croist à mesure que ce mariage est plus parfait;
Mais je ne puis passer sous silence la cause formelle d'où dépend particulierement la cognoissance de ce Traité; c'est pourquoy je la reserue
au chapitre suiuant.

CHAPITRE II.

De la nature de la Musique.

COmbien qu'Aristote apres Platon son maistre, au rapport de Plutarque, dise que l'harmonie est celeste, & a la nature belle & plus qu'humaine, si est-ce que je ne desespere pas d'en pouuoir dire quelque chose. Voyons donc en quoy consiste sa nature, & ce que c'est que la Musique.

Sainct Augustin estime que c'est la science de bien chanter : bien, c'est à dire, artistement : bien honnestement, & non pour exciter à mal. Boëce la descrit vn peu plus amplement en cette sorte. La Mu- *Lib. 5. Mu-* sique Harmonique est vne faculté qui considere auec le sens & la rai- *sica cap. 1.* son, les differences des sons graues & aigus. Il a dit auec raison, d'autant qu'il ne faut attribuer aux sens tout le jugement, ains partie à la raison, partie au sens.

Ie n'approuue pas moins la definition de celuy qui a dit qu'elle est vne disposition de sons proportionnez, separez par interualles, laissant au sens & à la raison vne vraye preuue de sa consonance. Et puis que les noms suiuent d'ordinaire la nature des choses, il est à propos de sçauoir l'etymologie de son nom, que quelques vns disent venir de Moys qui signifie de l'eau en langue Egyptienne, pource qu'elle a esté inuentée pres des eaux, comme qui diroit Moysicos, c'est à dire science, ou son aquatique. Secondement de Musa, que l'on dit estre vn in- *S. Isidor. l.* strument tres excellent en Musique. Bref à l'opinion de Sainct Isido- *2. orig. c 16.* re & autres, elle prend son etymologie des Muses, dont le nombre est égal aux instruments qui forment la voix,

Instrumenta nouem, sunt guttur, lingua, palatum,
  Quattuor, & dentes, & duo labra simul.

Mais dautant qu'il ne suffit pas d'en auoir vne cognoissance generale, qui d'ordinaire est mere de la confusion, il faut vn peu particulariser ces definitions communes, pour sçauoir distinctement ce qui touche les especes de cette nature generique, ce que nous cognoistrons par la diuision.

Aristote, Plutarque, & Vitruue l'ont diuisée en celle qu'ils appellent Mondaine, parce qu'elle consiste en l'harmonie des parties generales du monde, des Cieux, & des Elements. En humaine, qui n'est

autre que la côpofition & fymmetrie de l'homme. En Organique, qui
fe fait par la voix, & par Inftruments muficaux. Sainct Ifidore au lieu
fus allegué la diuife en Harmonique, Rythmique, & Metrique. L'harmonique a pour objet le graue & l'aigu; c'eſt à dire les fons hauts &
bas. La Rythmique confidere la conjonction de la parole, & de la note: c'eſt à dire, ſi le concours de l'vn auec l'autre eſt tel qu'il conuient,
nommément en la terminaifon des Tons & des paroles. Car comme
fes Tons ne font affez intelligibles d'eux mefmes, elle eſt contrainte
de les allier à quelques paroles qui faffent entendre à l'efprit ce qu'ils
expriment aux oreilles. La Metrique cognoit probablement la mefure
de diuers Metres, auec obferuation de certains pieds & genres de vers:
comme font l'Heroïque, Iambique, & Elegiaque. Quelques autres la diuifent en Mufique fimple & mefurée: en celle-là fe trouue
egalité de figures, comme l'on void au Plein-chant & Contrepoint
fimple: en celle cy il y a inegalité de figures, & fe nomme vulgairement Mufique figurée, telle qu'on chante ordinairement en air, en
pleine mefure, par fugues, ou autrement. Vous auez auffi la Mufique Diatonique, Chromatique, & Enharmonique, qui font fes trois
principales efpeces, defquelles il fera parlé en fon lieu. Il y en a qui
mettent encores cette diuifion en naturelle, artificielle, inftrumentale, vulgaire, reiglée, humaine, mondaine, celeſte & Angelique.
Auant que d'entrer plus outre en matiere, & defcendre au particulier, je diray quelque chofe pour le contentement du Lecteur des In-
uenteurs de la Mufique, & declareray qui eſt celuy qui en a receu de
Dieu la premiere cognoiffance.

CHAPITRE III.
Des Inuenteurs de la Mufique.

POurce qui eſt de fa premiere inuention, les Pythagoriciens igno-
rans fon premier inuenteur, l'ont eftimée celeſte, & aujourdhuy
à grande peine fçait-on à qui Dieu a communiqué cette premiere
cognoiffance: car de recourir à vn Mercure, & à fa Lyre de quatre
ou fept chordes, c'eſt vne fable qui ne doit eftre mife en ligne de côpte.
Quelques vns l'ont attribuée à Orphée, quelques autres à Amphion,
& à certains Timothée, Terpandre, & à plufieurs autres: mais ces

opinions font auffi fabuleufes que la premiere. L'on dit bien que Pythagore s'eftant rencontré dans la boutique d'vn Marefchal, & y ayant ouy diuers coups de marteaux, diftingua diuers fons, & proportions, dont il compofa par apres diuerfes Confonances : en cela il y a quelque probabilité. Vne chofe eft bien affeurée, que les premiers qui en ont traité ont efté Democrite, Heraclite Pontique, Timothée le Milefien, Architas Tarentin, Platon, Ariftote, Theophrafte, Ariftoxene, & Ptolomée, defquels elle a tiré la meilleure partie de fa perfection. Mais difons auec affeurance & verité, que le premier inuenteur de cét Art liberal apres Adam (en qui Dieu mit la cognoiffance de tous les Arts) a efté Iubal, comme il eft couché au quatriefme de la Genefe, où il eft appellé le pere de ceux qui chantoyent & joüoyent de la Harpe & de l'Orgue, qui ne fignifie autre chofe felon l'interpretation de Iofephe, & de Comeftor, finon qu'il s'addonna à la Mufique, & inuenta le Pfalterion & la Harpe. Que fi vous dites que le premier a efté Adam, je refpondrois volontiers qu'il ne l'ignoroit pas, mais qu'il ne l'exerça pas en l'eftat de pœnitéce, *Mufica in luctu importuna narratio* : neantmoins fes enfans heritiers de fa cognoiffance la mirent en pratique apres quelques années, dont le premier fut noftre Iubal qui leua l'eftendart ; & fi la douceur de la Mufique me le permet, traina apres foy tous fes defcendants jufques au deluge, contre lequel elle fut conferuée, comme les autres fciences fur deux tables, l'vne de brique, & l'autre de marbre, dont la derniere fe voyoit encores en la Syrie du temps du mefme Iofephe.

La façon de la trouuer a efté par les proportions Geometriques & Arithmetiques, fçauoir eft par la conjonction de diuers nombres, & par les diuerfes fections des chordes diuerfement eftenduës, conferant les parties les vnes auec les autres.

Ceux qui en ont pertinemment traité apres ces anciens, ont efté Ibinus, les Saincts Seuerin, Bafile, Hilaire, Auguftin, Ambroife, Gelafe, & autres. Sainct Gregoire toutefois auec Sainct Leon a inuenté le Plein-chant, lequel il a diuifé en deux tomes, à fçauoir, en l'Antiphonaire & Graduel, qu'on appelle vulgairement le Gregorien : on loüe fort Franchin Gafore, & Iacques le Febure, comme deux excellents Maiftres. Orlande eft affez cognu d'vn chacun, comme auffi Zarlin, Claudin le Ieune, & du Caurroy, leurs Oeuures tefmoignent affez quels ils eftoyent.

A iij

Quant à ceux qui gouuernent aujourdhuy la Muſique, tant aupres du Roy, qu'es premieres Egliſes de noſtre France, ils font aſſez voir tous les jours dans l'exercice de leur charge, combien eſt excellent & releué leur ſçauoir, & leur merite. I'aüois quaſi mis en oubly Salinas, Keplerus, & vn certain Salomon de Caux, leſquels, pour dire vray, entendoient tres-bien la Theorie. On dit qu'vn certain Charles Geſualdus a emporté par deſſus tous, lequel eſtant vn Prince Venuſin, s'eſt rendu le Prince des Muſiciens. Vn des plus recens & excellens Theoriciens c'eſt le Pere Merſenne, lequel va profondant les matieres juſques à leur ſource. Comme auſſi le Sieur de Couſu, qui a tres bien rencontré en ſon Syſteme Royal.

CHAPITRE IIII.
Des proportions en general.

LE diuin Platon faiſoit tant de cas des proportions Muſicales & Harmoniques, qu'il aſſeuroit que noſtre ame en eſt totalement compoſée. C'eſt pourquoy je deſire d'en donner icy quelque cognoiſſance, afin qu'on entende mieux ce que je diray cy apres.

Ie ſçay bien qu'Euclide au liure cinquieſme des Elements, dit que proportion eſt vne ſimilitude de raiſons, & que raiſon eſt vne habitude de deux grandeurs de meſme genre de l'vne à l'autre ſelon la quantité. Mais je ne lairray pourtant d'vſer de l'vn & de l'autre mot indifferemment pour ſignifier vne meſme choſe, & principalement du mot de proportion, meſmes entre deux parties qui font accord, puis qu'il eſt plus commun & intelligible que n'eſt pas le mot de raiſon.

Or il faut ſçauoir que toute quantité comparée à vne autre, luy eſt egale ou inegale: que ſi le grand nombre eſt comparé au petit, comme 4 à 2. on les nommera grande inegalité, ſi le petit au grand, comme 3 à 6, ce ſera alors vne petite inegalité.

Notez donc qu'il y a cinq ſortes de proportions, qui font principalement à mon propos: à ſçauoir, multiple, ſurparticuliere, ſurpartiente, multiple ſurparticuliere, & multiple ſurpartiente.

Multiple eſt, quand le grand nombre contient le petit pluſieurs fois: s'il le contient deux fois, la raiſon ſera double, qui eſt le Diapaſon, de 4 à 2. ou de 8 à 4: s'il le contient trois fois, la raiſon ſera triple, comme de 9 à 3, de 6 à 2, de 3 à 1, c'est la Confonance que nous appellons Diapafondiapente, ou la Douziefme: ainfi eſt-il de la qua-druple, quintuple, fextuple.

La raifon fuparticuliere fe fait quand le plus grand nombre con-tient le moindre vne fois, & vne partie d'iceluy, comme la moitié ou la troifiefme partie, &c. fi la moitié, c'est fefquialtere, ou autre-ment le Diapente, comme de 3 à 2: fi la troifiefme partie, c'est fefqui-tierce, ou Diateffaron, comme de 4 à 3: fi la quatriefme partie, c'est fefquiquatriefme: c'est à dire le Diton, ou Tierce majeure, comme de 5 à 4.

La raifon furpartiente eſt, quand le grand nombre contient le petit vne fois, & quelques parties d'iceluy: s'il en contient deux, elle fe nomme fuperbipartiente: fi trois, fupertripartiante; & alors ce font les proportions qu'on appelle fupertripartiantes les troifiefmes, quatrief-mes, cinquiefmes, &c. comme de 5 à 3, & de 8 à 5, qui font les Exa-chordes majeur & mineur.

La multiple furparticuliere eſt, quand le grand nombre contient en foy le petit deux ou trois fois, ou dauantage, & vne partie d'iceluy, comme eſt 5 à 2, c'est noſtre Dixiefme majeure.

Bref la multiple furpartiente s'engendre quand le grand nombre contient le petit plus d'vne fois, & plus que d'vne partie d'iceluy: par exemple 8 à 3, qui eſt le Diapafondiateffaron, autrement l'Vnziefme.

Mais vous me direz, à quel propos tout cecy? vous le verrez quand nous viendrons à la pratique, je me contente pour maintenant de di-re, que de ces cinq fortes de proportions refultent toutes les interual-les, Confonances, accords, & harmonies, defquelles nous parlerons cy apres.

Auant que finir ce chapitre je defire que vous fçachiez la difference qui eſt entre la proportion Geometrique, Arithmetique, & Harmo-nique. La Geometrique eſt celle en laquelle les parties s'entre rappor-tent en egale proportion, & non en egale difference: comme l'on peut voir en 2. 4. 8. car les raifons de 4 à 2, & de 4 à 8 font egales, à fçauoir doubles, mais non les differences.

La proportion Arithmetique eſt celle en laquelle toutes les parties fuiuantes font tellement ordonnées, que les differences de l'vne à l'autre font egales, mais elles n'ont egale proportion: comme vous voyez en 1. 2. 3. 4. &c. car felon l'ordre elles ne font differentes entre

elles que de l'vnité : mais la proportion est inegale, pource que 2 à 1.
est double : c'est le Diapason : & 3 à 2. est en proportion d'autant
& demy, d'où s'engendre le Diapente.

La proportion Harmonique ne contient, ny egales raisons, ny
egales differences : par exemple 3. 4. 6. voyez que 6. surmonte 4.
de sa troisiesme partie, qui sont 2. & 4. surmonte 3. de sa quatriesme
partie, qui est, 1. & 6. surmonte 3. de sa moitié, qui est 3. & par
ainsi il n'y a, ny egalité de differences, ny egalité de proportions, veu
que 6. est en double proportion à 3. &c.

Voila le propre objet de la Musique : mais elle ne s'ocuppe pas seulement en la contemplation des raisons, Proportions, & Nombres
harmonieux : ains aussi des Sons, Consonances, Harmonies, Genres,
differences, Tons, Semitons, Interualles, Diastemes, Systemes, Muances, Modulations, & autres : de toutes lesquelles choses nous
auons à parler briefuement.

CHAPITRE V.

Du Son, Clefs, Notes, & de leur valeur.

CE n'est pas icy ou je me veux arrester, puis que ces choses sont
assez communes. Ce sera toutesfois en faueur de ceux qui
veulent apprendre la Musique que j'en diray vn mot en passant. Il est
clair & manifeste, que ce qu'est l'vnité aux Arithmeticiens, le mesme est le son aux Musiciens : car le son est le principe de la composition, le fondement du Ton, & de la Consonance, comme vous
diriés, vt, re, mi. C'est pourquoy l'on dit que l'objet de la Musique
c'est le son nombreux, ou le nombre sonoreux : ou bien comme dit
Auicenne (qui est tout le mesme) le Ton, & le Temps. Voicy la definition d'Aristote. Le son est vne fraction d'air par l'impetuosité de la
chose qui frape à la chose frapée. Afin que vous sçachiez comme
il se forme : notez que le son est engendré d'vn battement d'air auec
violence soit par la voix, ou auec instruments, comme le Luth, &
Orgues : d'où s'ensuit que la cause du son c'est le mouuement. Il se fait
en figure ronde, s'augmentant peu à peu en cercles, comme ceux
que nous voyons se former en l'eau par vn jet de pierre, & paruenir en
fin à l'oreille, où il se fait ouïr diuersement, ores haut, si le coup est
violent

violent, & leger ; ores bas si le coup est lent, & tardif : comme l'on experimente quand on bat, & frappe l'air auec vne baguette, ou autre chose.

Celuy qui inuenta la Game, & les six notes Musicales (on les atribue à Guido Aretin) montra qu'il estoit entendu en matiere de Musique Diatonique, marquant toujours ses clefs au commencement des Tetrachordes, & comptant deux tons de suite en montant, & puis vn demi ton : comme vt, ré, mi, fa.

La clef de Musique comme l'on sçait, est ainsi appellée metaphoriquement : dautant que c'est elle qui donne l'entrée au chant, ouurát, & decouurant les notes, & figures auec leurs noms.

Il y en a de trois sortes, & les appelle on vulgairement clefs de ♭ mol, de Nature & de ♮ quarre : pour ce que la principale note, qui est vt, se trouue ordinairement au lieu ou est située la Clef.

Le susdit Guido Aretin auec les Anciens met ces trois sortes de chants, & les nomme autrement : a sçauoir chant ♮ dural, Naturel, & ♭ mol. Le premier est ainsi nommé, pour ce qu'il est rude, a raison du son : que si on a esgard a la figure, Aristote dit que la figure quarrée est dure au toucher. Le second est le chant naturel, ainsi appellé, pour ce qu'il n'a point besoin du dur, ny du mol, & partant est dit de quelques vns neutre, ou metoyen. Le troisiesme c'est le chant mol appellé ainsi, pour ce qu'il est doux, a raison des sons : joint que sa figure est semblable a la figure ronde, laquelle est douce au toucher.

Les six notes, ou figures fondamentales, ou comme quelques vns les appellent, Clefs, anciennemét phtongues, voix, & nerfs, a raison de leur force, sont celles cy. vt, ré, mi, fa, sol, la. quand aux noms : & quoy qu'essentiellement elles soyent sept differentes en nombre auant que de monter jusques au Diapason : neantmoins la septiesme conuiét de nom auec quelque vne des six : differente toutefois realement & de fait : car elle est plus haute que les autres, & de differente situation : voicy donc les trois Clefs, & les huict figures differentes en valeur auec la ligature de quelques vnes d'icelles.

Boetius lib. 4. c. 16. & 17. Ptol. l. 2. de Musica voces naturaneque plures, neque pauciores esse possum quam 7.

Maxime. Longue. Brefue. Semi-br. Minime. Noire. Croche. Double-cr.

Regles de la ligature des Notes.

ANciennement on ne se seruoit que de ces cinq notes : maxime, longue , breue, semibreue, & minime : les autres ont esté depuis inuentées par les joüeurs d'instruments.

La liaison sert pour mieux assoir la lettre : il y en a de deux sortes , l'vne directe, quand la note est quarrée : l'autre est oblique.

En voicy les Regles.

1 Toute note premiere auec sa suiuante en liaison oblique, ou quarrée est semibreue, pourueu que la premiere des deux aye la queüe du costé senestre tendant en haut. exemple. A.

2 Toute note qui a la queüe descendante a gauche est breue. B. & estant liée auec plusieurs, toutes vaudront chacune deux mesures , & la derniere quatre. B B. si sa premiere n'a point de queüe elle vaudra quatre comme la derniere. B B.

3 Toute premire note n'ayant point de queüe est breue, pourueu que la prochaine qui suit monte. C.

4 Toute premiere note n'ayant point de queüe est longue, pourueu que celle qui suit immediatement apres , descende & qu'elle soit quarrée. D.

5 Toute note mise au milieu est breue E. & jamais longue a l'opinion de Franchin.

6 Celles du milieu ce sont celles qui sont mises entre la premiere, & la derniere : & aucune fois entre la seconde & la derniere, quand la premiere, & la seconde sont semibreues F. tant en descendant qu'en montant. F.

7 Toute note mise au dernier lieu estant quarrée, si elle tend en bas, elle est longue G. si en haut breue. H.

8 Toute note derniere obliquement descrite est breue. I.

9 Toute note aussi ayant queüe du costé droit est longue. L.

10 La maxime , soit qu'elle soit en premier où dernier lieu, retient toujours sa valeur. M.

11 La semibreue de son naturel ne se lie comme point, dit Glareanus.

12 Toute premiere note directe, où oblique, est longue si la suiuante descend. N. si la suiuante monte la premiere est breue. O.

13 Si la premiere note a queüe pendante en bas du costé gauche soit que la note suiuante monte où descende, tant en ligature droite qu'oblique, elle est breue. P.

14 Toute note derniere defcendante en ligature directe eſt longue: en ligature oblique breue. Q.

15 Toute note derniere en montant demeure breue en quelque ligature que ce ſoit, ſi elles n'ont point de queüe. R.

16 Quand les deux premieres notes ſont ſemibreues, celles qui ſuiuent ſont breues en montant, & defcendant. S.

Exemple des Ligatures.

I I I I I I   2224 4224   2 2 44   22222 22 222   I I 222 I I 222
A A   B   B   C D   E   E   F   F

44   22   2 2 2   24   44   8   8   8 8   4 2   44   222   22
G   H   I   L   L   M   N   N   O   O

22 22   44   4 2   I I 2   222   I I 22   I I 22.
P   Q   Q   R   R   S   S

LA pauſe eſt vne omiſſion ou ceſſation de voix artificielle, inuentée pour la reſpiration, & repos des Chantres, & pour donner grace au chant. Il y en a de trois ſortes: a ſçauoir pauſe de meuf, ou de mode, occupant quatre lignes. Pauſe longue vallant quatre meſures, & comprenant trois lignes. En fin pauſe proprement dite, de la valeur de deux meſures, ou d'vne, ou de moins, comprenant vne ou deux lignes: d'ou s'enſuit que les vnes ſont grandes, & les autres petites: il ſera parlé ailleurs des points. Voyez en pratique ce que deſſus.

Pauſe de Meuf. Pauſe longue. Pauſe propremēt ditte. Pauſe petite.

CHAPITRE VI.

Methode facile pour apprendre la Muſique.

LA Game ancienne a eu autre-fois ſa vogue, comme eſtant treſ-bonne, & vtile : voire neceſſaire à ceux qui apprennent a compoſer : mais de trop longue haleine : en ce temps icy, comme les eſprits s'aiguiſent, & ſubtiliſent tous les jours, on a trouué vn chemin plus court, qui aide, & ſoulage fort la memoire. C'eſt vne main ou alphabet de Muſique recent, & plein d'artifice : pour ce qu'on y trouue, par ordre vt, ré, mi, fa, ſol, la, par ♭ mol, Nature, & ♮ dur, comme il s'enſuit.

	Par ♭ mol.	Par Nature.	Par ♮ Dur.
E		mi	la
D	la	re	ſol
C	ſol	vt	fa
B	fa	♮	mi
A	mi	la	re
G	re	ſol	vt
F	vt	fa	

Remarquez en l'artifice, & puis voyez en la Pratique.

Par ♭ mol.

Par Nature.

Par ♮ dur.

Les Muances où eschelle.

SI vous voulez monter plus haut, ou descendre plus bas, comme il est par fois necessaire, il faut se seruir de muances, ou eschelle, par laquelle vous monterez aisement de ♭ mol en Nature, prenant la muance en d la ré sol : c'est a dire changeant, le la, en ré, & en descendât le ré, en la. Quand on monte de nature en ♮ dur, il faut changer le la de a mi la ré, en ré, dautant que c'est la, ou se fait la muance : montant de ♮ dur en nature la muance se fait en d la ré sol, changeant le sol, en ré, en descendant la muance est en e mi la, changeant le mi en la. Bref quand on monte de nature en ♭ mol : il faut changer le sol, de g ré sol vt, en ré, & en descendant le mi de a mi la ré, en la. D'ou s'ensuit, comme l'on peut voir, qu'absolument parlant, il y a deux façons de muance seulement, lesquelles se partagent par apres en quatre, dont les deux premieres sont semblables quand a l'ordre : mais non quand a la situation de lieu, les deux dernieres sont aussi semblables quand a l'ordre, & noms des figures, differentes neantmoins pour ce qui est de la situation, & position de lieu : voyez les en exmple icy, & en l'eschelle, ou Game de Guido Aretin.

re   la

Muance de ♭ mol en nature.

re   la

De nature en ♮ dur.

re   la

De ♮ dur en nature.

re   la

De nature en ♭ mol.

Par ces regles, & maximes, qui font les elements de cét art, vous pouuez apprendre de vous mefmes a chanter mediocrement, & vous difpofer pour tenir voftre partie.

J'auois quafi oublié de dire que ce qui apporte ce changement font le ♭ mol, le ♮ dur, & la diefe, comme eftant oppofés contraires : dont celle cy (c'eft a dire la diefe) fe doit marquer en toute autre lieu qu'en ♭ fa ♮ mi & celuy la, (c'eft a dire le ♮ dur) feulement en ♭ fa ♮ mi. telles font leurs figures ♭ ♮ ✕ de ce que deffus s'enfuit que ♭ fa ♮ mi, ne reçoit aucune muance, ou changement : mais fi font bien toutes les autres voix, ou clefs.

Zarlin l. 3.
chap. 25. &c

SECONDE PARTIE
DES INTERVALLES
ET CONSONANCES.

CHAPITRE I.

Du Ton & Semiton.

IE sçay bien parlant en general que ton, son, voix, & phtongue signifient vne mesme chose, & que l'on dit ton graue, où bas, ton aigu, haut, ou delié : Neantmoins pour parler proprement, ton se prend pour la distance d'vn son a vn autre son immediat, comme vt re, re mi, de sorte qu'il faut deux sons pour le moins pour faire vn ton, où demi-ton.

La plus part des Anciens n'ont cognu que le ton majeur, où parfait: mais dautant que quelques vns d'iceux ont fait mention du ton mineur, ou petit, il faut establir l'vn & l'autre, puis qu'ils sont fondez en bonne raison.

Zarlin en parle, Salomon de Caux les met en ligne de compte, selon la constitution du Monochorde de Ptolomée, & les prouue fort bien auec plusieurs autres, specialement le Solitaire, & Keplerus: la seule authorité dudit Ptolomée nous seruira de garent au liure secõd chapitre premier : où il fait mention de la raison sesquihuictiesme, sesquineuuiesme, & sesquidixiesme &c. expliquant le Tetrachorde: & partant nous suiuons son opinion contre le sentiment de quelques Praticiens, qui tiennent opiniastrement, & sans raison que cela n'est point, faisants tous les tons egaux: en quoy ils se trompent bien fort. On verra cy apres les proportions du ton mineur, & majeur, & des autres interualles.

Quand a la diuision du ton mineur, quelques Autheurs l'ont diuisé en vne Apotome majeure, & mineure, en Limma, & vne diese; en vn diaschisme, comma, & schisme : mais il est veritable, qu'il ne peut estre diuisé en parties egales Arithmetiquement : quoy qu'il le puisse Geometriquement, selon l'opinion de Pontus du Tiart: dont l'vne contient deux diaschismes, & vn schisme : & l'autre tout autant.

La raifon d'Euclide au Theoreme feiziefme pour laquelle il n'eſt point diuifible en parties egales, eſt que l'interualle du ton majeur, & mineur eſt en raifon furparticuliere. Or eſt il qu'il n'y a aucun nombre metoyen proportionable entre les deux nombres extrefmes de cét interualle majeur, qui font 8. & 9. donques il s'enfuit que le ton ne peut eſtre diuifé en parties egales.

La vraye diuifion du ton mineur c'eſt en vn femiton majeur, & en vn femiton mineur; & la diuifion du ton majeur en vn femiton majeur, & en vn femiton moyé: c'eſt a dire vn femiton majeur, vne diefe chromatique, & vn comma; & voyla la difference de l'vn & de l'autre: car fi vous oſtez le ton mineur du majeur, reſte le comma.

Voyons maintenant en pratique ou fe retrouuent les tons, & femitons majeurs, & mineurs: la tierce majeure & mineure nous donnent entierement, & affeurement la cognoiffance de ce point de difficulté: car la tierce majeure eſt compofée du ton majeur, & du ton mineur: la tierce mineure du ton majeur, & du femiton majeur: donques fi nous difons vt ré mi fa, vt ré, ne peut eſtre que le ton mineur: & ré mi, le ton majeur, puis que vt mi, c'eſt la tierce majeure compofée du ton mineur, & du ton majeur: & re, fa, la tierce mineure compofée du ton majeur, & du femiton majeur.

Voyez cela en pratique.

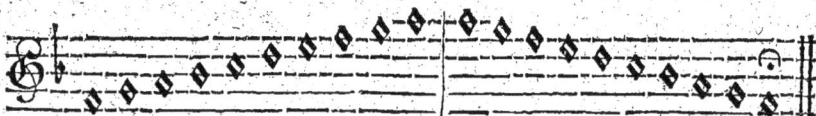

Vt ré, ton mineur. ré mi, ton majeur. mi fa, femiton majeur. fa fol, ton majeur. fol ré,
ton mineur. ré mi, ton majeur. mi fa, femiton majeur. fa fol, ton majeur,
fol la, ton mineur. C'eſt le mefme en defcendant.

POur le regard du femiton mineur, c'eſt l'interualle, où la diſtance qui eſt entre le fa, & le mi, de e mi la: notez icy en paffant, que les interualles du ton majeur, ont leur juſte mefure felon le Monochorde de Ptolomée: & celles du ton mineur ne l'ont pas: car il faudroit abaiffer d la ré fol, & g ré fol vt, d'vn comma, pour faire qu'ils ayent leur juſte mefure: mais ce changement apporteroit du trouble, & du defordre aux autres interualles.   exemple

Exemple du Ton majeur, & mineur, & du Semiton majeur,
du mineur, & du moyen.

Tons majeurs.   Tons mineurs.   Semitons majeurs.

Semitons mineurs.   Semi tons moyens.

J'adjouste a ce que dessus, que trois Tons s'entre rencontrans de suite, comme Fa sol re mi, le premier doit estre majeur: le second mineur, & le troisiesme majeur: pour ce que deux Tons de mesme espèce ne se suiuent pas bien: quoy que par fois ils soyent contraints de se suiure par necessité, comme il est euident en Mi fa sol la fa; si ce n'est qu'on prenne fa sol pour le mineur: & sol la pour le majeur.

Voila l'opinion de quelques vns qui n'est point tant mal asseurée, ny sans fondement: mais si nous auons esgard au Monochorde de Ptolomée, lequel met vn Ton majeur de C sol vt fa, a D la re sol, & de F vt fa, a G re sol vt, nous dirons autrement.

PAR EXEMPLE.

Les Tons & Semitons suiuant le Monochorde de Ptolomée.

Vt re, ton majeur. re mi, ton mineur.   Vt re, ton majeur. re mi, ton mineur.
mi fa, semiton majeur. fa sol, ton ma-   mi fa, semiton majeur. fa sol, ton majeur.
jeur. sol la, ton mineur.   sol la, ton majeur.

Vt re, ton mineur. re mi, ton majeur.   Vt re, semiton majeur. re mi, ton majeur. mi fa,
mi fa, semiton majeur. fa sol, ton   ton majeur. fa re, ton mineur. re mi, semiton
majeur. sol la, ton mineur.   majeur. mi fa, ton majeur. fa sol, ton mineur.
     sol la, semiton majeur.

C

Du ♭ mol de E mi la , au fa
de F vt fa , ton mineur.
Du ♭ mol de A mi la re , au
♭ mol de ♭ fa ♮ mi , ton mineur.

Mais icy on me dira, comment fauuerez vous le diton & femiditon? car femiditon eft compofé d'vn ton majeur, & d'vn femiton majeur: or eft il que de D fol re à F vt fa, il y doit auoir vn femiton, lequel n'a pas fa jufte mefure: pour ce que de D fol ré , à
E mi la, c'eft le ton mineur, & de E mi la, à F vt fa, le femiton
majeur: tout de mefme de G ré fol vt, à ♭ fa ♮ mi, doit eftre vn
femiditon, & il ne l'eft pas: puis que de G ré fol vt, à A mi la ré, ce
n'eft qu'vn ton mineur, & de A mi la ré, a ♭ fa ♮ mi, vn femiton
majeur. Donques ils n'ont leur jufte mefure: quel moyen y à il?
je refpons qu'il ny en a point d'autre, que d'adjoufter l'interualle
d'vn comma plus bas en D la ré fol, & en G ré fol vt, & alors toutes les interualles du femiton mineur, moyen & majeur, du ton majeur & mineur, du diton, & femiditon &c. auront toutes leurs juftes
mefures : c'eft a dire qu'il faut faire D fol ré, & G ré fol vt, mobiles
affin que l'on face le ton mineur, où majeur quand on voudra de
C fol vt fa, à D la ré fol, & de F vt fa, à G ré fol vt, pour obuier
a toutes fortes d'inconüeniens felon le Monochorde de Ptolomée, & le Syfteme de Salinas, & felon les interualles de
Pythagore.

Quand aux femitons majeurs, ils fe retrouuent dans les tons majeurs, & dans les tons mineurs, pour ce que ceux cy font compofez
de ceux là en partie.

Les femitons mineurs ne fe retrouuent que dans les tons mineurs,
comme parties d'iceux, & ne fortent jamais de l'efpace, où de la
ligne où ils font.

Les femitons moyens ne fe rencontrét que dans l'enceinte des tons
majeurs, comme en C fol vt fa, en F vt fa, & en ♭ fa ♮ mi, où
ils font tellement confinez, qu'ils ne fortentjamais de la ligne, où
de l'efpace.

Quand à la diefe Enharmonique, c'eft l'interualle qui refte apres auoir ofté le femiton mineur du femiton majeur, comme de D la ré fol diefé , au ♮ de E mi la, & fe trouue feulement entre la diefe Chromatique, & le ♮ mol. Les commes majeur, & mineur compofent la diefe Enharmonique.

CHAPITRE II.

De l'Vniſſon & Interualles .

P Line au liure 25. de fon hiftoire naturelle , & de l'harmonie des aftres, chapitre 22. parlant de la diftance des Cieux va cherchant les interualles de ces corps celeftes par les degrés de Mufi- *de die nata- que, fuiuant la doctrine de Pythagore, comme vous pourrez voir:* *4. c. 10.* mais Cenforinus, qui eft fon interprete, difcourant de la proportion, & interualle des Planettes, dit que depuis la Terre jufques au plus haut Ciel, il y a vn Diapafon (s'il eft vray qu'il y a de l'harmonie aux Cieux) pour ce que de la Terre à la Lune eft vn ton: de la Lune à Mercure, vn femiton, de Mercure à Venus, auffi vn femiton, de Venus au Soleil, vn ton & demi, du Soleil à Mars vn ton, de Mars à Iupiter vn femiton, de Iupiter à Saturne vn femiton auffi, de Satur- ne jufques au plus haut Ciel il y a encores vn femiton : & partant de- puis la Terre jufques au plus haut Ciel il y a vn Diapafon: car de la Terre au Soleil eft vn Diapente, de la Lune au Soleil, vn Diateffaron, du Ciel du Soleil jufques au plus haut, il y a vn autre Diateffaron, la où fi vous comptez bien, vous trouuerez en tout fix tons pour for- mer vn Diapafon.

Ne femblera-il point à quelqu'vn, qu'il ny a point de difference entre interualle, proportion, & confonnance! de vray il femble qu'elle n'eft pas grande, s'il y en a : neantmoins ils font tous trois dif- ferens, comme l'efpece, le genre, & la caufe : car toute confonnance eft interualle, non au contraire : & proportion eft la caufe de l'inter- ualle, & de la confonnance produifant l'vn & l'autre. *ex Boetio*

Mais qu'eft-ce qu'interualle? c'eft la diftance, qui eft entre le fon *de Mufic.* aigu , & le fon graue diuerfifié en plufieurs fortes : ainfi vn ton eft vn interualle d'vn fon au prochain fon, comme vt ré, fa fol.

Interualle donc n'eſt autre choſe que la diſtance qui ſe trouue entre
les ſons graues & aigus, leſquels, comparés les vns auec les autres ſe
trouuent inegaux, c'eſt à dire, ſont hors de l'Vniſſon : d'où s'enſuit
que l'Vniſſon n'eſt pas interualle, puis qu'il ſe fait lors que deux, ou
pluſieurs voix conferées par enſembles ſont egales, & d'vne meſme
hauteur.

Les interualles moindres, & moins principales ſont celles que nous
auons touché en la diuiſion du Ton, à ſçauoir les parties, deſquelles le
Ton peut eſtre compoſé, comme l'Apotome, dieſe Chromatique,
comma, dieſe Enharmonique, &c.

Quand aux principales, & plus grandes, les vns en mettent plus,
les autres moins.

Les voicy toutes par ordre, tant les compoſées que les ſimples.

Semiton mineur, Semiton moyen, Semiton majeur, Ton mineur,
Ton majeur, Diton, Semiditon, Diateſſaron, Diapente, Exachorde
mineur, & majeur, Diapaſon, Diapaſonditon, Diapaſondiateſſaron,
Diapaſondiapente, Diapaſondiaex, Diſdiapaſon &c. Le Triton
preſque Diateſſaron, le Semidiapente où Diapente diminué, ne ſont
cenſés entre les interualles, non plus que le Semidiapaſon, où Diapaſon diminué, & le ſuperflu ; dautant qu'ils ſont faux, & tres-rudes à
l'oreille, quoy que par fois on ſe ſerue du Triton, & du Semidiapente,
qui ſont la fauſſe Quinte, & la fauſſe Quarte.

Quelques vns diuiſent les interualles en deux eſpeces : dont l'vne eſt
appellée Diaſteme, qui doit contenir pour le moins deux interualles
en quelque ſorte de Muſique que ce ſoit, quoy qu'il en puiſſe contenir dauantage.

Par exemple, vt mi ; l'autre eſt appellée Syſteme, qui eſt vn eſpace
contenant pluſieurs Chordes pour accomplir diuerſes Conſonances
en ſoy, & doit pour le moins enfermer vn Diaſteme, & vne interualle, à celle fin de fournir vn Diateſſaron, vt fa. A ce propos voyez
les vingt proportions d'Euclide des interualles : vous verrez ailleurs
que c'eſt que Conſonance, Diſſonance, Tetrachorde, Harmonie,
Symphonie, &c. mais ayant parlé du petit Syſteme, il eſt raiſonna-
ble que nous traitions du grand, lequel merite bien vn Chapitre
tout entier.

CHAPITRE III.

Le grand & parfait Systeme des Anciens.

CE grand Systeme est cognu pour le jourd'huy de fort peu de Maistres Theoriciens & Praticiens, dautant qu'il est grandement obscur, & difficile à entendre: le voicy par ordre, & clairement.

Ce parfait Systeme (duquel font mention tous les Anciens, comme Aristoxene, & les autres : les modernes comme Boëce, & les autres, lesquels a mon opinion ne l'ont pas bien distingué, & rendu notoire a la posterité) n'est autre que l'espace, & toute l'estendue qu'vne voix peut monter, & descendre sans peine & sans contrainte. Il est composé de quinze chordes où voix, de sorte que la meilleure voix de Basse, de Tenor, de Haute-contre, & de Dessus chantant à l'aise, & d'vne voix naturelle non forcée, ne peut monter ordinairement que quinze degrez, où chordes : dautant que les autres qu'elle entonnera par dessus, seront forcées, & moins agreables, estant contrainte d'vser de feinte, où fausset. Voyla que c'est de Systeme en general.

Les Anciens donc ont inuenté quatre Tetrachordes, pour la perfection d'iceluy, & quelque temps après ils en ont inuenté vn cinquiesme.

Tetrachorde est vne continuation de quatre chordes, ou sons, soit en montant, ou descendant, comme Vt ré mi fa, ou La sol fa mi.

Le premier des cinq Tetrachordes est appellé Tetrachordehypaton, c'est a dire des principales, & plus basses.

Le deuxiesme Tetrachorde Mezon, c'est a dire des moyennes, ou de celles du milieu.

Martian. Capella l. 9. c. de tropis & tonis.

Le troisiesme Tetrachorde Diezeugmenon, c'est a dire des disjointes, & separées.

Le quatriesme Tetrachorde Hyperboleon, c'est a dire des excellentes, & plus hautes.

Vitruius li. 5. c. 4. de Tetrachordis.

Le cinquiesme que j'ay dit auoir esté adjousté c'est le Tetrachorde Synemenon, c'est a dire des conjointes, pour ce qu'il commence là ou le deuziesme finit : & partant conjoint, & comme incorporé à iceluy.

Toute la difficulté de ces Tetrachordes consiste à sçauoir ou commencent, & finissent les quatre chordes d'vn chacun d'iceux : & c'est ce qui m'a fait suer en cet estude principalement.

Franchinus de harmon. Musica instrumentis.

C　iij

Voyci donc les quinze chordes diſtinguées par ordre, pour l'accom-
pliſſement deſquelles on y en a adjouſté vne nommée Proſlambano-
mene, auſſi ce mot grec ſignifie adjouſtée : la raiſon de cette addition
a eſté a fin que le Diapaſon de A re contre A mi la re, y fut parfait.

Quelques vris par apres en ont encore adjouſté vn autre nommée
Hypoproſlambanomene, c'eſt a dire ſous-adjouſtée, qui eſt G vt.

I. TETRACHORDE.

Les quatre cordes du premier Tetrachorde ſont celles cy.

1 Hypatehypaton, principale des principales comenceant en ♮ mi.
2 Parhypatehypaton, ſous principale des principales. C fa vt.
3 Lychanos hypaton, l'indice des principales. D ſol ré.
4 Hypatemeſon, principales des moyennes. E mi la.

II. TETRACH.

La premiere chorde du ſecond Tetrachorde commence ou le precedent finit.

1 Hypatemeſon, principales des moyennes. E mi la.
2 Parhypatemeſon, ſous principales des moyennes. F vt fa.
3 Lychanos meſon, ſigne, ou indice des moyennes G ré ſol vt.
4 Meſe, qui ſignifie la moyenne, c'eſt A mi la ré.

III. TETRACH.

La premiere chorde du Tetrachorde troiſieſme, commence au deſſus de
Meſe, pour ce que ce Tetrachorde eſt ſeparé du deuxieſme.

1 Parameſe, ſous moyenne ſuiuant inmediatement apres meſe, c'eſt
   ♭ fa ♮ mi.
2 Tritediezeugmenon, la troiſieſme des disjointes. C ſol vt fa.
3 Paranetediezeugmenon, penultieſme des disjointes. D la ré ſol.
4 Netediezeugmenon, la derniere des disjointes. E mi la.

IIII. TETRACH.

Le quatrieſme Tetrachorde commence ou finit le precedent.

1 Netediezeugmenon, la derniere des disjointes. E mi la.
2 Tritehyperboleon, la troiſieſme des excellentes. F vt fa.
3 Paranetehyperboleon, la penultieſme des excellentes. G ré ſol vt.
4 Netehyperboleõ, la derniere & plus haute des excellétes. A mi la ré.

V TETRACH.

Le cinquiesme Tetrachorde, qui à esté trouué depuis les autres, commence en Mese, qui est la derniere chorde du 2.Tetrachorde, & partant appellé des conjointes, pour ce qu'il est enclos & enfermé dans le troisiesme dit des disjointes.

1. Mese, c'est la moyenne, ou celle du milieu. A mi la ré.
2. Tritesynemenon, la troisiesme des conjointes. ♮ fa ♮ mi.
3. Paranetesynemenon, la penultiesme des conjointes. C sol vt fa.
4. Netesynemenon, la derniere des conjointes. D la ré sol.

Celuy cy est different du troisiesme, comme il appert: dautant qu'il commence vne chorde plus bas, & est par ♭ mol, & l'autre par ♮ dur comme vous voyez icy.

Les deux adjoustées.   I. TETRACH.   II. TETRACH.   III. TETRACH.
                Hypaton.   Mezon.   Diezeugmenon.

IIII. TETRACH.   V. TETRACH.
Hyperboleon.   Synemenon.

Ce sont les quinse chordes du Systeme parfait des Anciens comptant Proslambanomene pour vne, que si vous y mettés Hypoproslambanomene, elles seront seize en tout: ce Systeme n'est que Diatonique; si vous desirez le Chromatique, & l'Enharmonique, voyez Franchin Gafore, & le Pere Mersenne.

Notez que le premier & plus ancien Systeme, n'estoit que de quatre chordes, ausquelles peu à peu on en adjousta jusques a sept, & puis Pythagore curieusemēt vne huictiesme: on tient toutefois que Mercure a trouué & monté le premier la Lyre a sept chordes, ausquelles Simonides adjousta la huictiesme, Timothée la neufiesme, & Terpandre les autres jusques a quinze. Voyez les Systemes de Guido Aretin, de Zarlin, & de Salinas, contenans les genres Diatonique, Chromatique, & Enharmonique.

CHAPITRE IIII.

Des Consonances en general, de leur diuision, & composition.

Tout ainsi que les Medecins tres-experts meslans certaines matieres chaudes, & seiches auec les froides, & humides, en tirent la quinte-essence pour la guerison du corps, & de plusieurs simples vne nouuelle forme, qui surpasse la force elementaire, & naturelle, comme l'on voit manifestement en la confection du Mithridate, & en la Theriaque d'Andromachus : de mesme aussi les Musiciens artificielz detrempans industrieusement les sons graues auec les aigus, en font vn composé, à celle fin que de plusieurs especes, & formes de voix en resulte vne, qui surpasse sa nature, & deuienne comme celeste, produisant des effets admirables, ainsi que Democrite, & Theophraste ont laissé par escrit. Pythagore à esprouué en effet, que certaines maladies, tant de corps que d'esprit, se guerissent admirablemét par les Concerts melodieux d'vne harmonie plus que celeste : de sorte que ce n'est pas merueille, si les sages de l'antiquité ont attribué la source de la Médecine, & de la Musique aux nombres d'Apollon : car l'vne & l'autre sert de remede : mais celle la guerit l'ame par l'entremise du corps, & celle cy le corps par le moyen de l'ame : qui se fait par les Consonances d'vne harmonie bien compassée & temperée.

Mais notez qu'il y a quelque difference entre melodie, harmonie, symphonie, & Consonance : car harmonie se prend pour vn rapport de plusieurs Consonances auec symmetrie conuenable, & faut a cét effet pour le moins trois Consonances : symphonie est vne bonne, & delectable harmonie, laquelle se fait en chantant, où jouant des instrumés bien accordés, & harmonieux. Il y a deux sortes d'harmonie, sçauoir est propre, & non propre : la propre selon Lactance est vne composition de voix hautes & basses, laquelle chatouille souuent le sens procedant des parties d'vn chant bien fait, & accordant jusques a la fin, esmouuant ce pendant les esprits a diuerses passions & affections, & se trouue entre plus que de deux parties : celle qui est appellée harmonie improprement ne contient aucune harmonie en soy : ains doit estre appellée harmonieuse Consonance plustot qu'harmonie, telle qui est entre deux parties. Melodie, c'est quand vne voix seule chante

melodi-

melodieufement & artiftement . En outre remarqués qu'il y a modulation parfaite,& imparfaite: l'imparfaite fe trouue dans le Plain-chant
& Faux-bourdõ,& la parfaite dãs la Mufique figurée,lors que l'on châ-
te par mouuements contraires,degrés continuez,ou difcrets,battemét
tardif,ou leger felon les fignes, temps, nombres, & diuerfité de figures .

Qu'eft-ce donc que Confonance? c'eft vn meflange de fons graues
& aigus frappant l'oreille doucement ,& vniformeiment , lequel fe fait *D.feuerinus*
de la forte felon Platon : il eft neceffaire, dit-il, que le fon aigu foit plus *l. 1. c. 8.*
leger que le graue, allant donc deuant le graue il entre promptement
dedans l'oreille , & comme eftant ja las par vn mouuement reïteré, il
deuient lafche , & moins aigu qu'il n'eftoit : & partant meflé auec le
graue ils fe rencontrent femblables , & font vne Confonance : mais
Nicomachus n'eftime pas cela vray, dautant dit-il, que les Confonances ne fe fõt pas de Tons femblables,ains diffemblables felon la definition fufditte,& deux fons graues egaux,& meflez par enfemble ne font
aucune confonance : & voicy comme il va recherchánt la nature de la
Confonance .

Si vous pinfez deux chordes d'vn inftrument mufical, ces deux fons
fe rencontreront : que s'ils font comenfurables , & bien proportionez,
ils fe mefleront, & produiront vn accord merueilleufement agreable :
au contraire s'ils font difproportionez , & incommenfurables , ils vous
rendront vne diffonance fort rude, & infuportable au fens .

La principale diuifion de la Confonance eft en fimple, & compofée:
la fimple eft celle en la proportion de laquelle les deux extremes font
tellement ordonnez entr'eux, que telle proportion ne peut eftre diuifée par vn terme metoyen : comme il fe void au Diapente, les termes
duquel font 3 & 2 . & pour cette raifon fommes nous contraints d'ad-
mettre ces fix efpeces de fimple confonance:Diapafon,Diapente,Dia-
teffaron,Diton,Semiditon,& l'Vniffon,qui eft principe de confonáce.

La Confonance compofée eft celle, la proportion de laquelle peut
eftre diuifée en vne autre proportion par vn terme metoyen ; comme
eft l'Exachorde entre 5 & 3. produit par le Diateffaron,& Diton:
où pour mieux dire la Confonance compofée eft celle qui fe fait de
chaque fimple jointe au Diapafon.

Vous direz peut eftre, que le Diapafon eft produit par le Diapente,
& le Diateffaron : doncques il eft compofé & non fimple : refponce,
j'accorde que certaines Confonances contiennent par accident en

D

foy d'autres Confonances moindres, defquelles femblent eftre compofées, & ne le font pas: par exemple le Diapafon, lequel enferme en
foy toute les autres Confonances, & toutefois il n'en eft point compofé: doncques la vraye raifon eft, que la où les nombres moindres,
& primitifs d'vne proportion ne fouffrent aucun terme metoyen,
comme 2. à 1. la Confonance eft fimple: s'ils en ont vn, elle eft compofée comme 5. à 3. entre lefquels fe retrouue 4. lequel comparé
auec 3. produit le Diateffaron: auec 5. le Diton.

D'icy je conclus fort bien, que puis que les Confonances compofées fe font par l'affemblage des fimples: (du moins virtuelement)
elles feront enclofes dans le Senaire, qui eft le premier des nombres
parfaits, contenant en foy toute forte de Confonances: pour ce que
fes parties font tellement proportionées, que fi vous en prenez deux
d'icelles, elles produiront vne Confonance fimple ou compofée.

Le Diapafon eft la premiere des Confonances fimples, lequel fimplement confideré eft vne feule efpece, que fi on le confidere diatoni-
quement par Tons & Semitons, il contient fept efpeces, trois Tons
majeurs, deux mineurs, & deux Semitons majeurs.

Il eft euident que c'eft la plus parfaite des Confonances: dautant
qu'entre les proportions d'inegalité majeure, la premiere de toutes c'eft
la double, de laquelle refulte le Diapafon: mais me femble que la meilleure raifon eft que tant plus le nombre approche de l'vnité, tant plus
auffi il eft parfait: au contraire tant plus il s'en efloigne, tant plus auffi
eft il imparfait: & dautant que le Diapafon eft fondé en 1 & 2. qui font
les plus parfaits nombres, eu efgard a leur proportion: par confequent
le Diapafon eft la plus parfaite Confonance qui foit.

Quand à l'Vniffon, il confifte auffi en la proportion double, lequel
eft appellé ordinairement le principe, la matiere vniuerfelle, & la mere
d'ou font engendrées les Confonances. Il eft fimple a caufe du voifina-
ge du Binaire, qui n'eft autre que l'vnité doublée: & partant comme
le Binaire n'eft pas vn nombre compofé, mais quafi de mefme nature
que l'vnité: auffi le Diapafon n'eft il pas compofé, voire quafi de mefme nature que l'Vniffon: & bien que ce qui a efté dit de l'Vniffon foit
vray: toutefois il n'eft pas proprement Confonance, ains feulement
commencement de Confonance: ce qu'a tres bien remarqué Ariftote
en fes Politiques, lequel voulant prouuer qu'il ne fe peut faire que toutes chofes foyent communes en vne Ville, dit que ce feroit tout de

L. 2. c. 3.

mefme que fi quelqu'vn vouloit faire l'Vniffon d'vne Confonance, ce qui eft impoffible.

La feconde Confonance fimple, c'eft le Diapente, lequel felon la mefme Diatonique a quatre efpeces, & contient deux Tons majeurs, vn mineur, & vn Semiton majeur : car comme le Diapafon eft le premier en proportion multiple : auffi eft le Diapente en proportion furparticuliere. Et comme le Diapente eft la plus grande partie du Diapafon harmoniquement diuifé, auffi fort a propos & raifonablement le mettons nous le fecond accord.

Le Diateffaron tient le troifiefme rang, & contient trois efpeces, comme nous verrons ailleurs : pour ce que felon fes interualles il a le Semiton difpofé en trois manieres. Cette troifiefme fimple Confonance n'a jamais efté tant pratiquée comme elle eft en ce temps : & pour dire vray elle eft fort douce & agreable quand elle eft bien maniée, fouftenuë, & couchée bien a point, quoy qu'vn peu rude de fa nature.

Que le Diateffaron foit Confonance il eft tout clair, veu qu'il tient place dans la pleine harmonie, & que fa proportion eft harmonique, telle que les Anciens la nous ont laiffée par efcrit, & que l'experience enfeigne.

Pour le regard du Diton, & Semiditon, qui font les quatriefme, & cinquiefme efpeces de fimple Confonance, il eft certain qu'elles font Confonances quoy que moins parfaites, ayans leurs proportions auffi entieres que pas vn autre. Dont celuy la en matiere de Mufique Diatonique comprend deux Tons, l'vn majeur, & l'autre mineur en proportion dautant & quatriefme : celuy cy eft compofé d'vn Ton majeur, & d'vn Semiton majeur en raifon dautant & cinquiefme : pour ce qu'en matiere de proportion, de tant plus grand eft le nombre, de tant auffi eft la proportion moindre : & au contraire tant plus le nombre eft petit, tant plus auffi la proportion eft grande.

Il ne refte plus que les Confonances compofées, qui font principalement quatre en nombre, Difdiapafon, Diapafondiapente, Diapafondiateffaron, Diapafonditon, & Diapafonfemiditon, auec leurs dupliques : on met neantmoins entres celles cy les deux Exachordes majeur, & mineur auec leurs doubles, dautant qu'ils font compofez d'vn Diateffaron, & d'vn Diton : d'vn Diateffaron, & d'vn Semiditon : defcendons en particulier.

D ij

COROLLAIRE

De l'Harmonie, & Melodie.

L'Harmonie & Melodie font deux parties effentielles de la Mufique. La Melodie naift des beaux chants, & l'Harmonie des accords bien couchez, & liez par enfemble.

Le mot d'Harmonie qui fignifie conuenance, compofition, ou accord de fons differens, vient du verbe Grec *armazo* qui fignifie conuenir, ou accorder : d'ou vient que Ciceron dit fort a propos au premier des Tufculanes.

Harmoniam ex interuallis fonoꝛ noſſe poſſumus :
dautant que l'Harmonie depend totalement de plufieurs Confonances, & interualles des fons.

Elle eft encore appelée Symphonie, qui fignifie accord de Mufique du verbe Grec *ſymphonin* c'eft a dire accorder, & chanter enfemble.

La Melodie eft vn chant melodieux : car *melos* fignifie douceur de chant, ou modulation douce, appartenant a la flexion de voix, felon l'opinion de Budæe : *melos*, dit il, *ad flexum vocis pertinet : conſtat enim canore, ac ſonis :* c'eft a dire d'vne voix accordante, & refonante.

CHAPITRE V.

De la bonté des Confonances, auec leurs proportions.

LA plus belle cognoiffance qui foit en toute la Mufique, fans doute c'eft de bien entendre les nombres, & proportions, puis que tout ce qui eft de cét art fe raporte a ce point, comme a fon principe, objet, & fource totale. De forte que fi vous entendez quelque beau concert tiffu & entrelaffé de Confonances delicates, d'vne harmonie parfaite & excellente, ce font tout autant d'effets des nombres & proportions Harmoniques.

Toute Confonance eft parfaite, ou imparfaite : les parfaites font trois ; l'Vniffon ou Diapafon, Diapente, & Diateffaron : elles font parfaites dautant qu'elles ne peuuent reçeuoir aucun changement, ny alteration fans quelque mauuais effét, & defordre, non plus que la fubftance ne fçauroit reçeuoir le moins ny le plus.

Il faut icy noter que toute Confonance peut eftre ditte plus ou moins parfaite en fon genre, & imparfaite relatiuement: il ny a proprement que le Diapafon, & le Diapente qui foyent abfoluement parfaits, & doux auec leurs repliques: car le Diateffaron eft parfait d'vne perfectiõ differente des autres, eftant comme metoyen, & neutre: c'eft a dire meflé de douceur, & d'amertume, tenant neantmoins place entre les Confonances parfaites, & eftant parfait en fon genre.

Quand a la bonté des Confonances, le Diapafon tient le premier rang: a raifon qu'il auoifine de plus pres l'Vniffon, luy eftant fort femblable, & fondé dans la proportion des moindres nombres: apres iceluy fuiuent fes repliques.

Ptolomée li. 1. Cap. 5.

Le Diapente eft preferable a Diapafondiapente, pour parler auec Ptolomée, pour ce que celuy là eft fimple, & celuy cy compofé: & pour cette raifon je conclus generalement, qu'il femble que les fimples Confonances, chacune en fon genre, furmontent en bonté les compofées: & par ainfi cét ordre de perfection peut eftre mis. L'Octaue, la Quinte, & leurs repliques: la Quarte, la Tierce majeure, la Tierce mineure, & leurs repliques. Il femble neátmoins au fens que la Dixiefme eft meilleure que la Tierce, & partant je la mets deuant: la Sexte majeure, la Sexte mineure, & leurs repliques.

Pour le regard de la Quarte puis qu'elle eft Confonance, quoy que moins agreable que l'Octaue, & la Quinte, pour ce qu'elle n'a pas la douceur d'icelles; ains vn peu de rudeffe, & d'aigreur, me femble qu'elle doit paffer pour bonne auffi bien que les autres: pourueu qu'elle foit fouftenuë ou bien fuiuie promptement d'vn plus doux accord: & dautant qu'il eft mal aifé de donner raifon de cette bonté & excellence plus grande, j'en laiffe le jugement en partie au fens, lequel femble juger ainfi que j'ay dit.

Les Confonances imparfaites font, Diton, & Semiditon, Exachorde majeur, & Exachorde mineur: ainfi nommées non qu'elles ne foyent parfaites en leur efpece: mais pour ce que eftant comparées aux autres ne font pas fi parfaites: dequoy l'oreille juge fort ayfement, lors qu'elle ne fe contente de telles Confonances fades, & moins pleines: mais la raifon principale eft qu'elles reçoyuent alteration, diminuant, ou augmentant felon le bon plaifir du Compofiteur: ny plus ny moins que l'accident, lequel de fa nature reçoit plus & moins; c'eft a dire peut changer de forme exterieurement a la volonté de celuy qui la voudra

introduire. Ainſi le Diton peut eſtre changé en Semiditon, ou au
contraire : l'Exachorde en majeur, ou mineur : & partant ſujét a changement : ce qui n'arriue jamais aux accords parfaits, n'en eſtant pas ca-
pables : & c'eſt pour cette cauſe que les Conſonances moins parfaites
n'ont pas eſté bonnement cognuës des Anciens, n'ayans que l'vſage
& la cognoiſſance des parfaites : veu que les Pythagoriciens les ont re-
jettées ne paſſant point au delà du nombre de quatre.

Pour rendre la choſe plus claire par quelque experience, & faire voir
la perfection des Conſonances, je ferois volontiers cette queſtion, ſi je
ne craignois prolixité : pourquoy pinſant la chorde d'vn inſtrument
bien reſonant, on entend ſonner contre les autres chordes ſans les
toucher, tantoſt vne Octaue, tantoſt vne Quinte, ou vne Douzieſme, ſelon la diſpoſition, temperement, & ordonnance des chordes
montées & accordées diuerſement ?

Quelques vns attribuent cét effet a la ſympathie, & antipathie des
ſons, & des chordes : en vn mot je dis auec Keplerus, que l'eſpece du
ſon, voire le ſon meſme s'eſpendant en l'air, frappe & s'arreſte a ce qui
luy eſt propre ; ſçauoir eſt a l'Octaue, comme a la premiere, & plus parfaite des Conſonances : & auſſi par fois a la Douzieſme, mais rarement, n'eſtoit que l'inſtrument fut grandement delié, & extraordinai-
ment reſonant. Ne voyla pas qui confirme noſtre raiſon ſus alleguée
touchant la bonté des Conſonances les plus parfaites.

Il ne faut pas oublier de dire vn mot des Diſſonances en paſſant,
leſquelles j'ay mis cy apres au denombrement des proportions : ce ſont
des melanges des voix rudes, & non proportionnées, leſquelles n'ont
en ſoy aucune douceur ny ſuauité, frappant l'oreille ſi aſprement, qu'à
peine les peut elle ſupporter, ſi elles ne ſont accompagnées du miel des
Conſonances : telles ſont la Seconde, la Septieſme, tant majeure que
mineure, & leurs repliques. Voicy donc par ordre tous les accords
bons, & mauuais, auec leur proportions, choſes a la verité dignes de
l'entendement humain.

Denombrement des Conſonances, & Diſſonances, auec leurs nombres & proportions.

L'Octaue, la double, ou Diapaſon de 2 a 1.
La Septieſme majeure, compoſée de la Sexte majeure, & du Ton ma-
     jeur eſt de 8 a 15.

La Septiefme majeure, compofée de la Sexte majeure, & du Ton mineur eft de 5 a 9.

La Septiefme mineure, compofée de la Sexte majeure, & du Semiton majeur eft de 9 a 16.

La Sexte majeure, ou Exachorde majeur de 5 a 3.

La Sexte mineure, ou Exachorde mineur de 8 a 5.

La Quinte, Diapente, Sefquiautre, ou dautant & demy de 3 a 2.

La fauffe Quinte, ou Quinte diminuée de 64 a 45.

La Quarte, Diateffaron, Sefquitierce, ou dautant & troifiefme de 4 a 3.

Le Triton, fauffe Quarte, ou Quarte fuperfluë de 45 a 32.

La prefque Quarte, ou Quarte diminuée de 18 a 25.

La Tierce majeure, Diton, Sefquiquarte, ou dautant & quatriefme de 5 a 4.

La Tierce mineure, Semiditon, Sefquiquinte, ou dautant & cinquiefme de 6 a 5.

Le Ton majeur, ou Seconde majeure, Sefquioctaue, ou dautant & huictiefme de 8 a 9.

Le Ton mineur, ou Seconde mineure, Sefquineufiefme, ou dautant & neufiefme de 10 a 9.

Le Semiton majeur de 15 a 16.

Le Semiton moyen de 135 a 128.

Le Semiton mineur de 25 a 24.

La Diefe Enharmonique eft de 128 a 125. *Voyla les Simples.*

Suiuent les Compofées.

La Neufiefme mineure, premiere diffonance compofée de 20 a 9.

La Neufiefme majeure, premiere diffonance compofée, côme de 9 a 4.

Diapafonditon, ou Dixiefme majeure de 10 a 4. ou de 5 a 2.

Diapafonfemiditon, ou Dixiefme mineure de 12 a 5.

Diapafondiateffaron, qui eft l'Vnziefme de 8 a 3.

Diapafondiapente, ou la Douziefme en proportion triple de 9 a 3. ou de 6 a 2.

La Treziefme majeure, ou Diapafondiaex majeur de 10 a 3.

La Treziefme mineure, ou Diapafondiaex mineur de 16 a 5.

La Quatorziefme mineure de 32 a 9.

La Quatorziefme majeure de 30 a 8.

Difdiapafon, la Quinziefme, ou quadruple de 4 a 1, ou de 8 a 2.

Diſdiapaſonditon, la Quintuple, ou Dixſeptieſme majeure de 10 a 2,
    ou de 20 a 4.

Diſdiapaſonſemiditon, ou Dixſeptieſme mineure de 24 a 5.

Diſdiapaſondiateſſaron, ou la Dixhuictieſme de 16 a 3.

Diſdiapaſondiapente, la Dixneufieſme, ou Sextuple de 12 a 2, ou 1 a 6.

La Vingtieſme majeure de 20 a 3.

La Vingtieſme mineure de 32 a 5.

La Vingt deuxieſme, ou Octuple de 8 a 1.

Voicy leur compoſition auec la preuue.

Le Ton mineur eſt compoſé d'vn Semiton majeur, & d'vn Semiton
mineur : la preuue, joignez la proportion du Semiditon majeur, & mi-
neur enſemble ainſi $\frac{16}{15}$ $\frac{25}{24}$ & dites 25 fois 16 combien eſt-ce ? & 24
fois 15 combien ? ayant trouué, & adjouſté ce grand nombre, dimi-
nués le toujours de la moitié : en fin vous reueindrez a vos premiers
nombres : car de 400 vous viendrez a 40, de 40 a 20, de 20 a 10,
qui eſt le premier nombre du Ton mineur : de 360 vous viendrez a 36
diminuant de la moitié a 18, & puis a 9, qui eſt la proportion que
vous cherchiez de $\frac{9}{10}$.

Le Ton majeur eſt compoſé d'vn Semiton majeur, & d'vn Semiton
moyen : la preuue, adjouſtez les deux nombres enſemble comme icy
$\frac{128}{135}$ $\frac{15}{16}$ multipliez 128 par 15 produit 1920, & 135 par 16 vient 2160,
deſquels oſtant toujours la moitié, on viendra a 270 & 240, deſquels
prenant le tiers on viendra a 90 & 80, deſquels la dixieſme partie eſt
9 & 8 nombres cherchez.

Quand a leur différence, Comma c'eſt l'excez du Ton majeur ſur le
mineur, comme de 80 a 81.

Le Semiton mineur c'eſt l'excez par lequel Diton ſurmonte Semiditon. Voyla la proportion cy deſſus, & des ſuiuantes.

Le Semiton moyen c'eſt ce qui reſte apres auoir oſté le Semiton
majeur du Ton majeur, comme de 135 a 128.

Le Semiton majeur, c'eſt la différence de la Quarte, & de la Tierce majeure.

Le Ton majeur, c'eſt l'excez par lequel Diapente ſurmonte Diateſſaron.

Le Ton mineur c'eſt l'excez dont Diateſſaron excede Semiditon :
car ſi vous oſtez de Diton le Ton majeur, reſtera le mineur.

Diton

Diton eſt compoſé du Ton majeur, & du Ton mineur : vous auez
ſa proportion cy deſſus, qui eſt de 5 a 4. la preuue. je veux ſçauoir ſçientifiquement, ou par demonſtration, ſi ſa proportion eſt
de 5 a 4. je conjoints le Ton majeur auec le mineur, dont le Diton
eſt compoſé, ainſi $\frac{9}{8}$ $\frac{10}{9}$ puis je dis 9 fois 10 font 90, la moitié
de 90 c'eſt 45, 45 diuiſés par 3 font 15 : item 15 diuiſés par 3 font 5 :
voila le premier nombre que nous cherchions. Venons a l'autre, 8 fois
9 font 72, la moitié de 72 c'eſt 36, 36 diuiſés par 3 font 12 : item 12
diuiſés par 3 font 4 : doncques la proportion du Diton eſt de 5 a 4,
comme deſſus.

Semiditon eſt compoſé d'vn Ton majeur & d'vn Semiton majeur,
en voyci la preuue : ignorant ſa proportion quel moyen de la ſçauoir ?
joygnez le Ton majeur, au Semiton majeur, ainſi $\frac{9}{8}$ $\frac{16}{15}$. & puis dites 9
fois 16 font 144, la moitié de 144 c'eſt 72, la moitié de 72 c'eſt 36. la
moitié de 36 c'eſt 18, 18 diuiſés par 3 font 6 : voila le premier nombre de
ſa proportion. Venons a l'autre : 8 fois 15 font 120, la moitié de 120
c'eſt 60, la moitié de 60 c'eſt 30, la moitié de 30 c'eſt 15, 15 diuiſés par
3 font 5 : doncques la proportion du Semiditon c'eſt de 6 a 5.

Diateſſaron ſe fait d'vn Ton majeur, d'vn Ton mineur, & d'vn Semiton majeur : ſa proportion eſt comme de 4 a 3. la preuue, Diateſſa-
ron eſt compoſé de la Tierce majeure, du Semiton majeur ainſi $\frac{5}{4}$ $\frac{16}{15}$.
5 fois 16 font 80, 4 fois 15 font 60; oſtez les zero, reſtent 8 & 6 : la moitié
de 8 c'eſt 4, la moitié de 6 c'eſt 3, mettez 4 auec 3 c'eſt la proportion du Diateſſaron que nous cherchons.

Le Diapente eſt compoſé de deux Tons majeurs, d'vn mineur, &
d'vn Semiton majeur, c'eſt a dire du Diton, & Semiditon : vous ſçauez
ſa proportion, faites en la preuue vous meſmes : que ſi ne la ſçaués, vous
la trouuerés en cette façon joignât Diton auec Semiditon ainſi $\frac{5}{4}$ $\frac{6}{5}$:
Car 5 fois 6 font 30, 4 fois 5 font 20, oſtez les zero reſtent 3 & 2, de
3 a 2 n'eſt-ce pas la proportion du Diapente ?

L'Exachorde majeur ſe compoſe de deux Tons majeurs, deux mineurs, & d'vn Semiton majeur : faites en la preuue, & vous trouuerez
ſa vraye proportion, qui eſt de 5 a 3, joignant Diateſſaron auec Di-
ton ainſi $\frac{4}{3}$ $\frac{5}{4}$. 4 fois 5 font 20, la moitié de 20 c'eſt 10, la moitié
de 10 c'eſt 5 : en voila vn. Trois fois 4 font 12, la moitié de 12 c'eſt 6,
la moitié de 6 c'eſt 3 : doncques la proportion que nous demandons
eſt de 5 a 3.

E

L'Exachorde mineur comprent deux Tons majeurs, vn mineur,&
deux Semitons majeurs, c'est a dire vn Diatessaron,& vn Semiditon.
Voyez si vous en ferez bien la demonstration, & la preuue, & si la proportion trouuée sera semblable a celle que je vous ay marqué a la liste
des Consonances : faites en de mesme de toutes les autres tant Dissonances que Consonances, & vous auez la creme de la Musique speculatiue. Mais auant que clorre ce chapitre, ce point si important estât
vuidé, j'en adjouteray vn autre qui n'est pas moins digne d'estre sçeu,
lequel consiste a bien entendre, & pouuoir dire promptement en quel
genre de proportion est telle, où telle Consonance. Premierement lisez ce qui a' esté dit au commencement de la premiere partie, touchât
les proportions, & leurs especes. Secondement entendant bien leurs
definitions, appliquez chaque espece a chaque Consonance, & vous
trouuerez que Diapason, Diapasondiapente, Disdiapason, &c. sont
en proportion multiple : dautant que le grand nombre contient plusieurs fois le petit.

Diapente, Diatessaron, Diton, &c. en proportion surparticuliere : pour autant que le grand nombre contient le petit vne fois, & vne
partie d'iceluy, ou la moitié.

L'vn & l'autre Exachorde gist en raison & proportion surpartiante,
pource que le plus grand nombre contient le moindre vne fois, &
quelque partie d'iceluy.

Diapasonditon, & les deux Diapasonsdiaex consistent en proportion multiple surparticuliere, dautant que le grand nombre contient
plusieurs fois le moindre, & vne partie, au la moitié d'iceluy.

Diapasonsemiditon, Diapasondiatessaron &c. sont en raison
multiple surpartiante, puis que le grand nombre contient plusieurs
fois le petit, & quelques parties d'iceluy, comme deux, trois, ou quatre parties, &c. a tant des Consonances & proportions.

CHAPITRE VI.

La diuision du Monochorde.

IVſques a maintenant nous auons deduit les nombres, & proportiōs raiſonables, reſte que nous les facions voir a l'œil, entendre a l'oreille, & toucher au doigt, par effet & par experience : a fin que l'oreille meſme ſoit juge de cette verité. Ce ſera par le moyen du Monochorde, qui eſt vn petit coffrét ſur lequel ſera eſtenduë vne ſeule chorde bien raiſonante, a celle fin que ſelon les diuiſions, & ſections diuerſes d'icelle au moyen du cheualét mobile, elle puiſſe rendre fidelemēt les accords, & intcrualles que l'on deſire. Aux deux bouts de cét inſtrument il faut attacher deux cheualets immobiles, leſquels tiendront la corde eſleuée, & bandée par le benefice d'vne cheuille, qu'on tournera a plaiſir & volonté. Vrayement Boëce a grandement obligé les amateurs de muſique pratique, & ſpeculatiue, lors qu'il a pris la peine de leur enſeigner, & mettre en eſtat ce petit Monochorde, au moyen duquel ils peuuent entendre toutes ſortes de Conſonances, auec le cheualét mobile courant ça & la, aux diuiſions faites. *l. 4. cap. vltima.*

Or la diuiſion de ce Monochorde ſe peut faire en deux façons : premierement en comparant toute la chorde auec ſes parties : ſecondement en comparant les parties auec les parties de la meſme chorde.

Voicy comment.

1 Quant a la premiere façon il faut diuiſer toute la chorde, A. H. en deux parties egales, & vous aurez le Diapaſon A a.

2 Faut diuiſer ladite chorde en trois parties egales, dont l'vne ſera A. E. & produira le Diapente, comparant E. auec toute la chorde.

3 La partie de la chorde qui eſt entre E. & H. ſera diuiſée en neuf parties egales, & adjouſtée vne de ſes parties au bas de E. ſçauoir eſt au point D. & vous entendrés le Tōn mineur entre D & E. c'eſt a dire ſol, la.

4 Diuiſés toute la chorde en ſix parties egales, dont les cinq ſeront marquées H. C. la ſixieſme ce ſera le Semiditon.

5 Diuiſant toute la chorde en huiĉt parties egales, & cinq d'icelles eſtant entre les points F. H. & les autres trois entre les points F. A. & mettant le cheualet ſous le point F. contre toute la chorde, vous entendrez ſonner l'Exachorde mineur.

E ij

6 Ayant diuifé toute la chorde en neuf parties, mettez en huiɕt d'icelles entre les points H̥ ꝑ, & ainſi l'interualle A ꝑ, faira le Ton majeur.

7 Si vous coupés la chorde depuis F. juſques a H. en neuf parties, & en prenez huiɕt d'icelles au point G. vous aurez la Septieſme.

Quant à la deuxieſme façon de diuiſion du Monochorde qui conſiſte en la comparaiſon des parties auec les parties, la ſection eſtant faite ;

1 Qui voudroit auoir le Comma, il faudroit diuiſer la chorde totale en 161 parties comparant 80 a 81 par le moyen du cheualét mobile.

2 Si vous diuiſés la chorde en 49 parties 25 d'vn coſté, & 24 de l'autre, elle vous rendra le Semiton mineur. Si en 31 parties, le Semiton majeur ſera produit, en laiſſant d'vn coſté 16, & de l'autre 15.

3 Le Ton mineur eſt engendré au Monochorde par la ſection d'iceluy en 19 parties egales, dont vne moitié ſera 10 & l'autre 9.

4 Le Ton majeur ſe fera oüir diſtinɕtément, ſi vous diuiſés ladite chorde en 17 parties, en prenant 9 d'vn coſté, & 8 de l'autre.

5 Si vous deſirés entendre le Semiditon, faites la diuiſion en vnze parties, en ſorte que le cheualét en laiſſe 6 d'vn coſté, & 5 de l'autre.

6 Si la ſection de la chorde ſe fait en 9, elle vous ſonnera le Diton auſſi parfaitement, qu'il ne s'en faudra rien : moyennant que vous poſiés voſtre cheualét entre 5 & 4.

7 Deſirez vous entendre le Diateſſaron, faites la ſection en 7, comparant 4 auec 3, la choſe eſt infallible eſtant la proportion Sesquitierce, ou d'autant & troiſieſme.

8 Le Diapente s'engendre, & ſe fait au Monochorde par la diuiſion d'iceluy en 5 parties egales, en conferant 3 auec 2, en proportion Sesquiautre, ou d'autant & demy.

9 Tout de meſme en eſt il des Exachordes majeur, & mineur : dont celuy-cy ſe fait par la ſection de la chorde en 13 parties, 8 comparées a 5, celuy là ſe produit, la chorde eſtant diuiſée en 8, & les 5 comparées aux 3.

10 Bref le Diapaſon eſt trop aiſé : veu que ſa diuiſion conſiſte en trois parties eſgales, les deux eſtant comparées a vne, en proportion double. Ie laiſſe maintenant a voſtre induſtrie la ſection, & diuiſion des

autres interualles, & Confonances au Monochorde, puis que vous
en auez les proportions au Chapitre cinquiefme, comme Diapafonditon, diuifant la chorde en quatorze parties ; Diapafondiateffaron
en vnze, Difdiapafon en cinq. Voyez les figures de l'vne, & de l'autre
diuifion à la fin de ce Traité.

CHAPITRE VII.

Des trois efpeces de Mufique Diatonique, Chromatique, & Enharmonique.

Voicy vn point des plus effentielz, qui foyent en la Mufique a l'o-
pinion de plufieurs Maiftres de Pfallendo, ou Pfallete : s'il n'eft
fi effentiel du moins il eft tres-difficile, & mal entendu : les Maiftres de
Theorie en parlent diuerfement ; mais a qui croirons-nous ? mon opinion eft auec plufieurs autres que le genre Diatonique eft fondé en
tres bonne raifon, bien cognu, & facile, d'autant que fes interualles
ne font pas mal aifées. Le genre Chromatique eft vn peu plus difficile,
& a grand peine fçait on bien que c'eft. Vne chofe fçay-je bien, que
la pure Chromatique n'eft en aucune façon chantable, ny en vfage :
ains feulement eftant meflée auec la Diatonique. Quant a l'Enharmonique elle eft impoffible, fi elle eft telle qu'on la nous figure : veu
que l'oreille ne peut juger de fes interualles.

Doncques pour le faire court, je dis qu'en la Diatonique les quatre
chordes du Tetrachorde font tellement ordonnées que montant
du graue a l'aigu (a l'opinion de Zarlin,) le premier interualle
c'eft vn Semiton majeur. Le deuxiefme vn Ton majeur. Le troifiefme vn Ton mineur, montant ainfi toufiours par Tons & Semitons.
C'eft ce que fignifie le mot mefme de Diatonique, qui eft noftre
mufique commune.

La Chromatique (de laquelle on eftime Timothée le Millefien autheur) eft plus difficile, & partant moins vfitée : & quoy que cette
efpece ne foit fi grand miracle, qu'on s'imagine ; toutefois elle donne
vne merueilleufe grace au chant, & a l'harmonie. C'eft pourquoy elle
eft ainfi appellée par les Grecs ; comme qui diroit colorée, donnant
couleur, embelliffant, & adouciffant par fes viues couleurs la Diatonique. Les Orateurs, & Peintres ont auffi leur Chrome, ou Coloris,

E iij

par lequel ils donnent luſtre, & couleur a leurs oraiſons, & peinture,
releuant ainſi de la moitié leurs ouurages : de meſme les maiſtres
Compoſiteurs ſe ſeruent de Chromatique pour donner couleur a leurs
pieces, lors qu'ils vſent de dieſes, & ♮ durs, au moyen deſquels ils
chantent par tout, c'eſt à dire en toute ſorte de clefs, & notes, vt re mi
fa ſol la.

Quelques-vns ont eſtimé (entre autres Salomon de Caux) que cette eſpece monte en ſon premier interualle du Tetrachorde, par vn
Semiton moyen. Au ſecond par vn preſque Semiton. Le troiſieſme
interualle eſt vn preſque Semiditō. Le 4, 5, & 6, ſont ſemblables au 1, 2,
& 3 : voila ſa diuiſion touchant le Tetrachorde Chromatique. Mais
vous pourrez voir dans ſon Traité la diuiſion de celuy de Ptolomée, &
Pythagore, que luy meſme raporte, & explique.

Les autres diſent, & aſſeurent auec plus de probabilité, que le genre Chromatique a pour premier interualle vn Semiton majeur, comme le Diatonique. Le ſecond interualle eſt vne dieſe majeure, ou
Chromatique, c'eſt à dire vn Semiton mineur, comme l'on verra cy
apres. Finalement le troiſieſme eſt vn Semiditon, ou vne Tierce mineure.

Le genre Enharmonique, qui veut autant dire que bien ſeant, &
de parfaite harmonie : ainſi appellé par excellence, eſt bien different
des autres, & point en vſage : d'autant que le ſens ne peut juger bien
a point de ſes interualles : car le premier eſt vne dieſe majeure, ou
Chromatique, qui eſt le Semiton mineur. Le ſecond vne Dieſe mineure, ou Enharmonique. De ſorte que le premier, & deuxieſme interualle, ne montent en tout que d'vn Semiton Majeur. Le troiſieſme c'eſt le Diton, ou Tierce majeure. On dit que l'autheur de celuy
cy, ç'a eſté Olympius Myſien, Poëte & joüeur de fleutes.

Ces trois genres different entr'eux en ce que le Diatonique abonde
en Tons, montant par vn Demi-ton majeur, vn Ton majeur, & vn
Ton mineur pout accomplir ſon Tetrachorde : il eſt naturel, & le
plus ancien de tous ſelon Plutarque. Les autres ſont artificielz, &
poſterieurs a celuy cy.

Le Chromatique eſt entre le Diatonique, & Enharmonique, ce
que la couleur eſt entre le blanc, & le noir : montant par Semitons, &
premierement par vn Semiton majeur : puis par vn Semiton mineur :
& enfin par vne Tierce mineure : & comme le Demitō diuiſé en deux

produit l'Enharmonique : ainsi le Ton diuisé en deux Demitons fait le Chromatique .

L'Enharmonique est ainsi nommé des anciens comme le plus harmonieux , & delectable des trois, contenant en soy les deux autres genres : comme le Chromatique contient le Diatonique . L'Enharmonique monte par deux Dieses : dont le premier est majeur , le second mineur, & puis par vne Tierce majeure pour acheuer sa Quarte.

Il se sert de toutes les interualles du Chromatique,& non au contraire . On dit qu'il a esté inuenté long temps apres les autres par Olympias, comme j'ay dit : tout ainsi que le Chromatique a esté inuenté long temps apres le Diatonique par Timothée Milesien , non celuy qui força Alexandre le Grand à prendre, & quitter les armes : ains vn autre au raport de Suidas .

Plusieurs estiment qu'on n'a jamais ouy le pur Chromatique, ny le pur Enharmonique : Toutefois Aristide asseure qu'il les a tous chantés : ce qui est bien difficile a croire .

Doncques pour conclure ce Chapitre, remarquez , comme j'ay ja dit, que la Diatonique c'est la musique commune,& partant je n'en dis autre chose : Si vous voulez sçauoir plus particulierement quelque chose de la Chromatique , & Enharmonique : Voyez ce qu'en dit vn certain Vincentius Italien qui a tasché d'exprimer cette derniere par points , ♭ mols, ♮ durs, & autres figures . Mettons quelque exemple de la Chromatique .

Genre Diatonique . Genre Chromatique .

Genre Enharmonique .

A QVATRE.   *Exemple de la Chromatique.*

A QVATRE. *Autre exemple.*

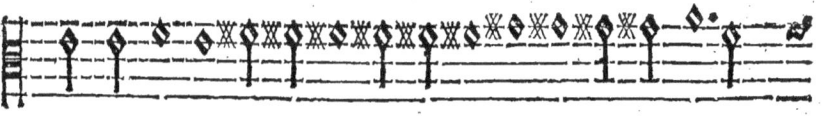

F

CHAPITRE VIII.

De la Musique ancienne parfaite.

TOute la Musique de ce temps, au raport des anciens autheurs eſt imparfaite pour ce qui eſt des Nombres, Signes, Mœuf, Temps, Prolations, & Valeurs des Notes. Il n'eſt icy queſtion que de cinq figures que l'on appelle vulgairement Maxime, Longue, Breue, Semibreue, & Minime : leſquelles ſont eſſentieles quand aux Signes & Valeur.

Toute la perfection, en matiere de Muſique pratique, conſiſte au Ternaire : c'eſt a dire au nombre de 3. c'eſt pourquoy il ny a que trois choſes qui donnent le branle, & gouuernement, toute la chanterie roulant ſur icelle comme ſur ſes trois piuots. Ce ſont le Mœuf, le Temps, & la Prolation : on cognoiſt le Mœuf par les pauſes qui occupét quatre lignes : le Temps par le cercle rond ; la Prolation par le point mis au milieu du cercle.

Le propre de ces trois ſignes eſt d'augmenter, ou diminuer la valeur des figures : a cét effet le Mœuf ou Mode ſe diuiſe en majeur & mineur : & de rechef l'vn & l'autre en parfait & imparfait. Le majeur parfait c'eſt la meſure des Longues aux Maximes, c'eſt a dire que la Maxime

vaut autant que trois Longues. Le Mœuf majeur imparfait, c'eſt la
meſure de deux Longues en vne Maxime.

Le Mœuf mineur parfait fait valoir la Longue autant que trois
Breues, a l'aune deſquelles elle ſe meſure; & eſt équiualente a neuf
meſures.

Le Mœuf mineur imparfait diminuë la Longue de la troiſieſme partie de ſa valeur, ne valant que deux Breues, dont chacune eſt de deux
meſures ou deux battuës.

Le Temps parfait, qui eſt la meſure de trois Semibreues a vne Breue, fait que laditte Breue vaut trois meſures, c'eſt a dire trois Semibreues: au Temps imparfait la ſuſditte Breue n'en vaut que deux.

Bref en la Prolation parfaite la Semibreue vaut trois Minimes, ou
trois figures des moindres, & en l'imparfaite n'en vaut que deux.

Exemple de ce que deſſus.

Signes de Mœuf majeur parfait.   Signes de Mœuf majeur   imparfait.

Signes du Mœuf mineur parfait . Sig. du mœuf mineur imparfait . Signes de Temps parfait.

Signes de Temps parfait. Quelques vns y adjouſtét ceux cy. Signes de Temps imparfait.

Signes de Prolation parfaite.   Signes de Prolation imparfaite .

Quelques vns tiennent que les notes & pauses doublent de la moitié
en ce Signe C A. & que ce Signe parfait ⊙ auec vn point au milieu
fait valoir les pauses & notes de quatre mesures 6. & celles de deux
mesures vne tierce partie plus qu'elles ne vaudroyent: c'est a dire que
ce qui valoit quatre mesures de ce temps C imparfait & mesure ordinaire vaut 6. & ce qui valoit 2 vaut 3. ainsi qu'en vse le sieur du
Caurroy en son *Christe qui lux es ex dies*. B.

Exemple.

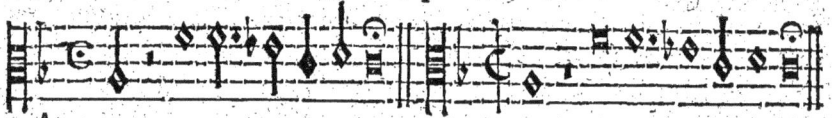

A. Ce Signe augmente de la moitié.   Temps imparfait, mesure commune.

B. Celles qui valent deux & quatre, augmentent d'vne troisiesme partie. Les notes de
quatre valent six, les notes de deux valent trois: les autres notes se chantent
comme si le Signe estoit imparfait.

Le Mœuf majeur parfait se marque encores ainsi ⊙ 3.
Le Mœuf majeur imparfait C 3. Le Mœuf mineur parfait ⊙ 2.
Le Mineur imparfait C 2. Le Temps parfait, & la Prolation comme dessus seulement, quoy qu'anciennement on les mit tout trois ensemble par deux cercles l'vn dãs l'autre, & vn point au milieu. Le grand
cercle represente le Mœuf: le petit le Temps: & le point la Prolation.
D'icy ie conclus la verité de ces principes & axiomes des Anciens,
que la perfection de la Musique quand au chant, & valeur des figures,
consiste au nombre Ternaire, & son imperfection au Binaire: puis qu'il
faut trois Longues pour la Maxime au Mœuf parfait, & deux a l'imparfait: au Temps parfait trois Semibreues pour la Breue, & deux a l'imparfait. En la Prolation parfaite trois Minimes mesurent la Semibreue, & deux en l'imparfaite. Ce nonobstant ie confesse que ces choses
dependent fort de la volonté des hommes, puis que diuers autheurs en
parlent diuersement.

CHAPITRE IX.

De l'augmentation & diminution des figures.

APres auoir leu ce que les autheurs difent de cette matiere, j'aduoüe que je n'ay efté content : car au lieu de m'efclarcir ils m'ont rendu plus confus : toutefois voicy ce que j'en ay peu conceuoir, & tirer au vray, bien qu'entre eux ils ne s'accordent en tout.

Pour bien entendre le tout, il faut fçauoir qu'il y a proportion egale & inegale : egale quand la Semibreue vaut vne mefure, comme en ces Signes O C · O 2 · C 2 . inegale quand il faut plufieurs Semibreues pour vne mefure.

Proportion inegale majeure, eft lors que le grand nombre eft comparé au petit comme 4 a 2.

Proportion inegale mineure, quand le moindre eft comparé au plus grand, comme 2 a 4.

Les proportions augentes, ou d'inegalité majeure, font celles aufquelles les figures augmentent, & fe cognoiffent lors que le nombre fuperieur eft moindre que l'inferieur. Telles font la Subduple, Subtriple, Subquadruple &c. comme vous voyez icy $\frac{1}{2}\frac{1}{3}\frac{1}{4}$: car l'augmentation qui n'eft autre qu'vn accroiffemét de la valeur des notes, ou des paufes de plus que de leur valeur effentielle, fe fait en trois manieres. 1°· Par l'oppofition du figne de Prolation majeure au figne de Prolation mineure touchant la Semibreue ainfi ⊙ O C . & alors la Semibreue vaut trois battuës. 2°· Par les fufdites proportions d'inegalité majeure. 3°· Par la prefcription d'vn Canon a la volonté du Compofiteur faifant que la Breue vaille vne Maxime, la Semibreue vne Longue &c. ce qui eft arbitraire comme vous voyez.

La diminution fe fait en quatre façons. Premierement par le nombre Binaire ainfi O 2 . C 2 . Secondemét par l'addition des Virgules, φ ¢ Troifiefmement par le demy cercle au rebours Ɔ . En quatriefme lieu par les proportions d'inegalité mineure, que l'on appelle diminuantes, qui font la Double, Triple, Quadruple, Sefquiautre, ou Hemiolia, Sefquitierce &c. ainfi $\frac{2}{1}\frac{3}{1}\frac{4}{1}\frac{3}{2}\frac{4}{3}$ &c.

Les Signes de la Double font ceux cy. φ ¢ . O $^2_1$. C $^2_1$.

Les Signes de la Quadruple ceux cy. ¢ Ɔ . ¢ 2 .

Les Signes de la Triple ainſi. $\phi\,{}_1^3$. $\mathcal{C}\,{}_1^3$. $O\,{}_1^3$.

En la Souſtriple la valeur des notes augmente de la tierce partie : de ſorte que la Semibreue vaut trois Semibreues : ainſi des autres figures.

La proportion de Seſquialtera reſemble a la Triple : mais il y a cette difference qu'en la Triple trois Semibreues ſont limitées a vne meſure, & Seſquialtera n'a autre eſgard que de faire chanter auſſi-toſt trois notes que deux, comme l'on void dans Claudin frequemment : les Signes ſont telz. $O\,{}_2^3$ $\mathcal{C}\,{}_2^3$ $\phi\,{}_2^3$ $\mathcal{C}\,{}_2^3$.

Mais il y a Seſquialtera de Temps, & Seſquialtera de Prolation : voyez Franchin Gaffore, au liure 2. ch. 14. de la diminution & augmentation. Hemiolia eſt appellé 3 pour 2. pour ce que trois Semibreues ſont auſſi-toſt chantées que deux Minimes, & il y a Hemiolia de Temps , & Hemiolia de Prolation.

La proportion Seſquitierce, & l'Epitrite, c'eſt la meſme, & ſe trouue en pratique lors que quatre notes ſemblables en eſpece , ſont auſſi toſt proferées que trois .

Exemple de Seſquialtere .

A.   A.

Exemple de Seſquitierce .

B.   B.

CHPITRE X.

De la perfection & imperfection des notes .

Toute la perfection Muſicale en matiere de nombres, & proportions, conſiſte au nombre de 3. comme j'ay dit cy deſſus. Or cette perfection vient a manquer en deux façons : ſçauoir eſt par l'abondáce de quelque note, qui eſt en la perfection ou par le defaut d'icelle.

Quand vne note entre plufieurs autres defaut, l'vne des deux, fçauoir eft la fuiuante, doit eftre double, & par ainfi fe fait l'alteration.

Trois chofes marquent l'imperfection. 1° Si la note abonde. 2° Si le point de diuifion y eft. 3° La couleur noire, laquelle fait perdre la troifiefme partie de fa valeur a la Longue, Breue, & Semibreue en Mufique parfaite, & la quatriefme partie en Mufique imparfaite. De forte que l'imperfection, ou diminution n'eft autre que la perte d'vne partie de la valeur d'vne note parfaite au nombre de 3. ce qui eft feulement vray aux Signes parfaits.

Quand a l'alteration elle n'eft autre qu'vn redoublement d'vne petite figure a l'egard d'vne grande. Franchin lib. 2. ch. 13. tient qu'il y a quatre notes alterables, la Longue, la Breue, la Semibreue, & la Minime, & dit que la Maxime n'altere jamais, pour ce qu'elle n'en a point de plus grande que foy. Ce ne font pas les paufes qui alterent, ains les notes feulement:& l'alteration ne tombe point fur la premiere: mais feulement fur la feconde note, & ce aux degrez parfaits, a raifon du defaut d'vne note neceffaire pour accomplir le nombre ternaire.

Quelques autres affeurent que la Maxime feulement reçoit alteration, & imperfection, fans alterer les autres figures appellées pour cette raifon Patiente. La Minime altere les autres fans eftre alterée, & partant nommée Agente: mais la Longue, la Breue, & la Semibreue, alterent les autres, & reçoiuent elles mefmes en foy alteration, & imperfection: & par ainfi dittes Agentes, & Patientes.

La grande figure ne peut alterer, n'y diminuer la petite: n'y l'egale fon egale: mais fi fait bien la petite, la grande, tant deuant qu'apres foy, & ce toujours, fi le Point de diuifion n'interuient, qui empeche.

Or il faut noter que fi vne petite note fuit apres vne grande, elle luy fera perdre autant de fa valeur qu'elle en a en foy, n'eftoit que le Point de diuifion interuint, & l'empechat.

Si la Breue fuit apres la Longue, elle luy fera perdre tout autant de fa valeur qu'elle vaut: tellement qu'elle ne vaudra plus que deux Breues. Le mefme faut-il dire de la Semibreue fi elle fuit apres la Longue: car la Longue, laquelle eftant parfaite felon le Mœuf & le Temps, vaut neuf Semibreues: fi apres icelle fuit vne Semibreue, n'en vaudra plus que huict. Item la Longue, laquelle eftant parfaite de Mœuf, & imparfaite de Temps, vaut fix Semibreues, fi vne Semibreue fuit apres n'en vaudra plus que cinq. Tout de mefme, fi apres vne Breue vous

mettez vne Semibreue, comme auparauant elle valoit trois Semibreues, maintenant elle n'en vaudra que deux, pourueu qu'aucun point
n'interuienne. Iugez, & dites le mesme de la Prolation parfaite.

C'est aussi vne maxime que la semblable deuant sa semblable, n'ad-
met aucune alteration ou imperfection. Toutefois & quantes que le
Maistre, qui donne le branle & mouuement au chant, veut que l'on
chante legerement, & gayement, sans diminution quelconque de valeur, il tire vne ligne a trauers le cercle, ou demy cercle, nommant
cette vitesse de Tact, ou mouuement, diminution.

La diminution, & augmentation qui se fait par proportion de nombres qu'on adjouste aux Signes, est digne des doctes oreilles, d'autant
qu'elle est fondée sur les preceptes indubitables de l'art, & de la raison.
Voyez en l'exemple mesme en parties, apres que nous aurons deduit
la question du Point Musical.

CHAPITRE XI.

Des Points Musicaux.

TOuchant les Points, les opinions sont vn peu differentes : quelques vns en mettent quatre, a sçauoir de perfection, de diuision, d'alteration, & d'augmentation. d'autres n'en reçoiuent que
deux, le Point d'augmentation, & le Point de diuision. Il est vray
qu'ils diuisent celuy cy en Point de perfection, d'alteration, & de diminution, ou d'imperfection : ce qui reuient tout en vn. Le premier
se nomme le Point d'augmentation, ou d'addition, faisant valoir sa
note d'vne moitié plus qu'elle ne vaudroit. Le second le Point de diuision, qui diuise & separe vne note de l'autre pour accomplir le nombre de trois, requis en tout degrez, & Signes parfaits. Ce Point se
diuise en Points de perfection, d'alteration, de diminution, ou imperfection. Le Point de perfection conserue & declare la perfection
de la note. Le Point d'alteration fait redoubler la valeur non de la
note voisine : ains de celle qui suit la voisine. Le Point de diminution
ou d'imperfection, qui est le mesme, est celuy par lequel deux Breues
sont renduës imparfaites : & partant ne valent que deux Semibreues
chacune, lesquelles sans lesdits Points eussent esté parfaites, & valu
chacune trois.

EXEMPLE. 3 1 1 1 3   3 1 2 3   2 1 1 2   2 1 1 2 5

Point d'aug-Point de perfection. Point d'alteration. Point d'imperfection, Point de diminution.
mentation.   ou diminution.   A.

Trois Semibreues eſtant enfermées entre deux Breues, & le Point de diminution diuiſant, & ſeparant les deux premieres Semibreues, la premiere Breue vaut deux, & la troiſieſme Semibreue eſt alterée, comme vous voyez cy deſſus au dernier exéple du Point de diminution. A.

A DEVX.

Subquadrupla augmentation de la Quadruple .   Deſtruction d'icelle.

A QVATRE.

Subquadrupla.   Augmentation de la Quadruple.

Quadrupla.   Diminution de la Quadruple.

Subdupla.   Augmentation de Semidité .

Dupla.   Diminution de la moitié.

Icy il ne faut auoir eſgard aux Signes, ains ſeulement aux nombres, leſquels augmentent, ou diminuét la valeur des figures, ſelon qu'elles ſont ordonnées & poſées en haut ou en bas, en proportion d'inegalité majeure ou mineure .

G

TROISIESME PARTIE

EN LAQVELLE SERA TRAITÉ

DE LA MANIERE DE COMPOSER.

CHAPITRE I.

De la Composition en general.

AÇoit que pour l'ordinaire ceux qui desirent apprendre a composer en Musique, doiuent sçauoir la verbo & la solfo, & tenir leur partie seurement : toutefois nous voyons que quelques vns a force de science Theorique, ou Speculatiue, composent assez bien, & font passablement le Contrepoint simple : c'est a dire note contre note, ou pour mieux dire nombre contre nombre : mais au reste ils ne sçauroyent chanter leur ouurage a faute de Pratique. C'est la Theorie qui leur donne cette cognoissance par le moyen des Proportions, & des Nombres, tant Arithmetiques, Geometriques, qu'Harmoniques, qu'ils possedent, & entendent parfaitement bien.

Si vous voulez apprendre la Composition seulement par art, & par Proportions, voire mesme par Pratique, je vous mettray en auant quelques moyens qui vous ayderont a cela. 1° Par lettres Alphabetiques. 2° Par nombres Arithmetiques. 3° Par nombres Harmoniques : car pour le regard des proportions Geometriques, je vous ay donné la façon de trouuer toutes sortes de Consonances sur le Monochorde, par diuerses sections d'vne chorde tenduë. 4° Par conjonctions d'accords, ou Consonances, auec les figures de Musique en Contrepoint simple & figuré, ce qui appartient seulement aux Maistres qui en font profession, & sçauent manier la Melopée, quoy qu'auec le temps, & a la longue vous y puissiez arriuer par vostre industrie, si vous le desirez.

Ie ne dis rien de la façon de chanter sur le liure, & sur la partie, veu que plusieurs le font sans sçauoir Composer, bien que ce soit vne espece & rude commencement de Composition, celuy là consistant à de chanter sur vn Plainchant, & celuy cy sur la Musique figurée. Apprenons donc a Composer puis qu'il n'est pas mal aisé.

De la compofition des Confonances en faueur de ceux qui la veulent apprendre.

1. Les bons accords font l'Octaue, la Quinte, la Quarte, la Tierce, la Sexte, & leurs repliques.

2. Les faux accords la Seconde, la Septiefme, auec leurs repliques, & la Quarte, laquelle aucune fois paſſe pour Diſſonante a l'opinion de quelques vns. Pour ce qui eſt de la fauſſe Octaue, de la fauſſe Quinte, & du Triton, j'en parleray ailleurs.

3. Deux Octaues, deux Quintes, & deux Quartes de mefme efpece ne valent rien de fuitte, ſi ce n'eſt par mouuement contraire : par ce qu'elles ne font aucun effet a faute de varieté.

4. Deux Sextes majeures, & deux Tierces majeures de fuitte, font defenduës ordinairement.

5. Deux, & trois Sixiefmes majeures, & tout autant de Tierces mineures font bien permifes par fois : mais ſi on les varie, mettant la majeure apres la mineure : ou la mineure apres la majeure, l'accord en fera bien meilleur & plus doux.

6. La Tierce, & la Sixiefme deuant l'Octaue, doiuent eſtre majeures, comme eſtant plus proches de leur terme : & la Tierce mineure deuant la Quinte, pour eſuiter la fauſſe relation du Triton.

On ne paſſe point de la Sexte majeure a la Tierce majeure, ny de la mineure a la mineure, fans neceſſité, ſi on veut fuir les fauſſes relations.

7. Sur vn Diefe de Baſſe, ou autre partie, on ne met jamais d'Octane ny de Quinte : mais au lieu d'icelle on double la Tierce ou la Sexte.

8. La Quinte imparfaite ne vaut rien de foy, ſi ce n'eſt vne feconde note liée, ou par fyncope : encor faut-il que la Tierce majeure ſuiue aprés immediatement.

9. La fauſſe Quarte, ou Triton, eſt bonne en liaiſon & fyncope, pourueu que la Sexte mineure vienne incontinent apres.

10. La Quarte & la Sexte tiennent lieu de Tierce & de Quinte, lefquelles s'accompagnent d'ordinaire dans le Contrepoint, pour faire vn excellent effet.

11. La Seconde eſt fauuée par la Tierce, la Quarte par la Tierce, par la Sexte, & par la Quinte, & la Septiefme par la Sexte. Vous verrez cy apres les exemples de ce que deſſus.

12. Il est a propos de commencer & finir le Contrepoint tant simple que figuré, par vn accord parfait, c'est a sçauoir par l'Vnisson, & Octaue, pluftot que par la Quinte, ce qui est bien fondé en raison, authorité, & experience. Voyez Zarlin en la troisiesme partie de ses institutions Harmoniques.

13. Composant a plusieurs parties, il ne faut point tant s'arrester a faire des fugues, comme de bons & excellents Contrepoints.

14. Il ne faut jamais faire finir vne partie par la Tierce mineure a la fin de la piece : ains par la majeure, & tant que faire se pourra par vne Dixiesme majeure, & non mineure, ny Tierce majeure que raremét : car c'est la Dixiesme majeure qui embellit parfaitement vne composition.

Des Tierces majeures & mineures.

1. Deux Tierces mineures de suite sont bonnes, pourueu qu'elles soyent inegales, & exemptes de relation non Harmonique : quelques vns toutefois les excusent en degrez conjoints. A.

2. Deux Tierces majeures de suite sont mauuaises, horsmis en vne cadence finale : comme la sol auec le ✗ contre fa mi. B.

3. On va d'ordinaire de la Tierce mineure a l'Vnisson par mouuemét contraire, & degrez conjoints, ou par separez sur vne mesme note. C.

4. Quand on va de la Tierce a la Quinte par mouuement contraire, & degrez conjoints, ce doit estre la mineure. Si vne partie tient ferme sur vne mesme corde, la Tierce majeure se sera meilleure que la mineure. D.

5. Quand les deux parties montent ou descendent ensemble par degrez conjoints ou separez en vne partie, ou en toutes les deux, allant de la Tierce a la Quinte, cela se peut faire par la Tierce majeure, ou mineure : toutefois quelques vns estiment la majeure meilleure. E.

6. Les deux parties montant & allant de la Tierce a l'Vnisson, ou de la Dixiesme a l'Octaue, ce doit estre la majeure, non la mineure : si ce n'est que la troisiesme partie fasse la Sexte. F.

7. Si on fait les deux notes contre vne de la partie basse, la premiere estant vne Tierce, la deuxiesme doit estre vne Sexte, montant ainsi toujours de l'accord imparfait a l'imparfait : & au contraire du parfait au parfait : quoy que par fois l'on puisse faire autrement. G.

8. La Tierce mineure demande deuant & apres, non feulement la Quinte, comme il a efté dit, voire mefme la Dixiefme mineure, & l'Octaue par fois par mouuement contraire. H.

9. La Tierce majeure ne vaut rien deuant ny apres la Quinte, deuant ny apres la Sexte majeure par mouuements contraires, a caufe de la fauffe relation. I.

10. Il faut fuir auffi la Tierce mineure deuant ou apres la Sexte mineure. K.

11. La Tierce mineure doit preceder la Sexte majeure, & pour l'Octaue elle la peut auffi preceder par fois. Elle defire naturellement l'Vniffon apres foy, & la Tierce majeure. L.

12. La Tierce mineure fe met quelque fois deuant la Quarte par fyncope. M.

13. La Tierce majeure requiert naturellement le Diapente par mouuements femblables: & lors qu'vne partie tient ferme fur vne note. N.

A propos des deux Tierces mineures de fuitte, j'auois oublié d'en dire ce qui s'enfuit. Notez qu'il y en a de deux fortes, dont les vnes font egales, & les autres inegales: les egales font compofées de Tons, & Semitons femblables, fans aucune varieté, lefquelles il faut fuir tant que faire fe peut. Exemple O.

Les Tierces mineures inegales font compofées d'vn Ton majeur, & d'vn Semiton majeur: d'vn Semiton majeur, & d'vn Ton majeur: le Semiton majeur fe rencontrant au premier lieu & au fecond: & au contraire, ou vous voyez qu'il y a de la varieté, & partant bonnes. Exemple. P.

C'eft merueille de voir le changement qu'apporte le Semiton majeur: car de la diuerfe fituation d'iceluy procedent les Modes, la variation du Diapafon, de la Quinte, & de la Quarte: la relation harmonique, & beaucoup d'autres chofes. De là vient que deux Tierces majeures font plus eftroitement defenduës de fuitte, que deux mineures: d'autant qu'elles n'ont point de relation harmonique entr'elles: c'eft a dire de Semiton majeur: car bien que le Ton majeur, & le Ton mineur varient fe trouuant au premier & fecond lieu: toutefois cela n'eft rien dire, a caufe que cette relation harmonique du Semiton majeur ne s'y rencontre point, qui fait toute la varieté en la Mufique: & de fait fi vous compofez trois ou quatre mefures fans ce Semiton majeur, vous entendrez vn mauuais effet.

A DEVX. *Exemple de ce que deſſus.*

A   A   B   B   C   C   C   D

Deux Tierces mineures   Tierces maj. Bonnes.
de ſuite, bonnes.   mauuaiſes.

D   D   E   E   E

E   F   F   G

Cet effet eſt mauuais.

G   G   H   H   I   I   K   K

A DEVX.

L   L   L   L   L   M   N   N

N   N   O   O   P   P   P

P   P   Tierces majeures illicites.

Des Sextes majeures & mineures.

1. La Sexte majeure demande naturellement l'Octaue, a cause de sa proximité, par degrez conjoints, & mouuements contraires : & lors aussi qu'vne partie tient ferme sur vne mesme note. **A.**

2. Si apres la Sexte majeure on ne met point l'Octaue, on peut mettre quelqu'autre Consonance imparfaite : comme la Sexte mineure, ou majeure. **B.**

3. La Sexte majeure doit estre suiuie de la mineure par mouuement semblable, & degrez conjoints. **C.**

4. La Sexte majeure deuant la Tierce majeure, & mineure, tres bonne par mouuements semblables, & par contraires seulement la mineure. D.

5. La Sexte mineure demande la Quinte, comme la plus proche: E. au defaut de laquelle on luy donne la Tierce majeure ou mineure. F.

6. On va d'ordinaire de la Sexte mineure a la Tierce majeure: G. mais jamais de la Sexte majeure ny de la mineure a l'Octaue par degrez disjoints. H.

7. Quand on va de l'imparfaite a la parfaite, il faut que ce soit par la plus prochaine. I.

8. La Sexte majeure veut l'Octaue en montant, & la Sexte mineure la Quinte en descendant. K.

9. Parfois la Quinte peut suiure la Sexte majeure par syncope. L.

10. On peut aussi aller aucune fois de la Sexte mineure a l'Octaue, par le moyen d'vne dissonance mise entre deux: & pareillement aussi de la Dixiesme majeure a l'Octaue. M.

Il est mal aisé d'obseruer tout cecy a plusieurs parties: mais a deux parties il le faut obseruer estroitement: car les fautes sont entenduës aisement quand il y a peu de parties.

Exemple de ce que dessus.

A D E V X.

E   F   F   F   G   G   H   H   H

H   I   I   I   K   K   L

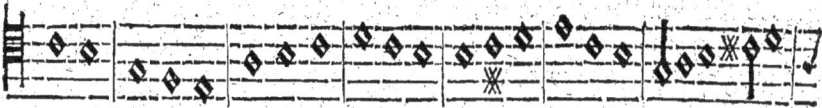

M   M   M   M

De la Sexte majeure a l'Octaue
tres bon.

De la Dixiesme majeure a l'Octaue.

Bon auec cette   Mauuais sans   Bon a l'opinion de   Meilleur.
suitte en bas.   cette suitte.   quelques vns.

H

De la Quinte, & de fa fuite.

1. La Quinte, ou le Diapente fe peut mettre deuant le Diapafon par quelque mouuement que ce foit. N.

2. La Tierce, & la Sexte majeure peuuent fuiure la Quinte par mouuements femblables, O. ou bien quand il ny a mouuement qu'en v-ne partie. P.

3. La Tierce, & Sexte mineurés peuuent mieux fuiure la Quinte par femblable, & contraire mouuements. Q.

4. Le Diapente ne doit point eftre mis deuant ny apres la Tierce majeure par mouuements contraires: R. quoy que par fois il le puiffe deuant la Dixiefme majeure. S.

De l'Vniſſon a la Quinte.

1. Cet effét ne vaut rien par femblable mouuement, fi bien par con-traire, & fur vne mefme chorde. A.

2. De la Quinte a l'Vniſſon, bon effét par mouuement contraire, & degrez conjoints en la partie aiguë, & fur vne mefme chorde en vne des deux parties. B.

3. De l'Vniſſon a la Quinte, & de l'Octaue a la Douziefme, ne vaut rien par femblable mouuement: par contraire, & degrez feparez non plus. C.

De l'Octaue a la Quinte.

4. De l'Octaue a la Quinte par contraire & femblable mouuement: mais conjoint en vne partie, tres bon: comme auffi fur vne mefme chorde: fi le mouuement eft femblable & disjoint il ne vaut rien. D.

5. De la Quinte a l'Octaue c'eft vn effet licite a degrez conjoints, par l'vn & l'autre mouuement, & fur vne mefme chorde: mais fi les deux parties montent, & defcendent enfemble par degrez feparez, l'effet n'en vaudra rien, & partant illicite. E.

De l'Vniſſon apres la Quinte.

1. De la Quinte a l'Vniſſon bon effet par contraire mouuement, & degré conjoint en la partie aiguë, ou fur vne mefme chorde: mais par femblable, & contraire mouuement, le degré eftant conjoint en la Baf-fe, ou feparé en toutes les deux parties, il ne vaut rien. F.

2. De l'Vniſſon apres l'Octaue : ou de l'Octaue apres l'Vniſſon eſt vn bon effet : pourueu qu'vne des deux parties demeure ſur vne meſme chorde ou note : mais il eſt defendu par mouuement contraire. G.

3. Il faut entendre le meſme des Conſonances compoſées que des ſimples : car il eſt permis d'aller de la Douzieſme a la Quinte, & de la Quinte a la Douzieſme par mouuement contraire & ſeparé. H.

4. On ne peut aller d'vne Conſonance parfaite a vne autre parfaite de diferente eſpece, par degrez ſeparez & mouuement ſemblable : quoy qu'on le puiſſe par conjoints, voire par ſeparez ſi le mouuement eſt contraire. I.

5. On peut paſſer de la Quarte a la Quinte, & de la Quinte a la Quarte pourueu qu'vne partie tienne ferme ſur vne meſme note : que ſi a-pres la Quarte les deux parties montent ou deſcendent enſemble, on ne doit point mettre la Quinte apres laditte Quarte. K.

Notez que pluſieurs des ſuſdits effets illicites, & defendus, ſe peu-uent faire en certaines compoſitions, ſelon le nombre des parties qu'il y a.

Exemple de la Quinte, & de ſa ſuite.

A DEVX.

TRAITÉ

Exemple de l'Vniſſon a la Quinte.

A DEVX.

Exemple de la Quinte a l'Vniſſon, & de l'Vniſſon a la Quinte.

Par ſemblable mouuement ne vaut rien.

Par contraire disjoint non plus.   De l'Octaue a la Quinte bon effet.

Par ſemblable mouuement
disjoint mauuais.   Bon.   Bon.

A DEVX.

E   E   E   E   E   F F

Bon.   Bon.   Mauuais.   Mauuais.   Bon.

F   F   G   G   G   H   H

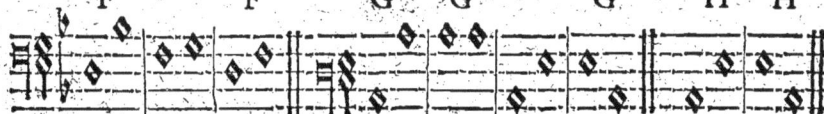

Mauuais.

I   I   I   I   I

Mauuais.   Mauuais.   Bon.   Bon.   Bon.

K   K   K   K

Bon.   Mauuais.   Mauuais.

H iij

Exemple de quelques autres mouuements ou effets tant licites qu'illicites.

A D E V X.

Passages licites.   Les mouuements suiuants tous vicieux.

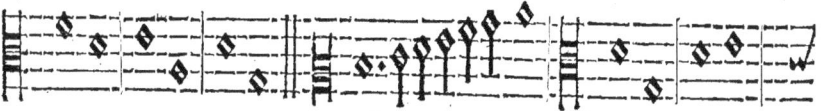

Bon au sens.   Tous ces mouuements

sont parfaitement bons.   3.meilleure a cause
qu'elle est majeu.

Bonne Tier. Zarlin les fait paſſa- Bon en Syncope. Bon. Bon ,
mineure. bles:il les faut fuir.

Mauuais. Mauuais, & illicites effets. La 6. mineure d'ordinaire
doit preceder la fauſſe 5. &
la 3. mineure la ſuiure.

Mauuais a cauſe Bonne 3. de- Bonne a l'opinion Le Triton eſt ſauué par la Sixieſme
du degré disjoint. uât la fauſſe 5. de quelques vns. mineure , & degré conjoint.

Bonnes Cadences. Ces effets ne valent rien a cauſe que la
Syncope eſt par degrez ſeparez.

Pour esuiter la fausse relation.   De la fausse Quinte. Du Triton con-

tre la Basse & entre les parties.   Bons effets.

De la Quarte.

La Quarte se peut placer tant au graue qu'en l'aigu: elle est meilleure en l'aigu, & estant conjointe auec les Consonances imparfaites, il faut qu'elles soyent majeures, afin qu'elle en soit plus douce, comme vous voyez cy dessous. Si elle est au graue, la Tierce majeure sera plus a-greable en l'aigu que la mineure. B. Si la Quarte est en l'aigu, la Tierce majeure meilleure causera la Sexte majeure. C. Quand la Quarte est mise au graue, elle doit preceder la Tierce majeure, ou mineure, & plustot la majeure a cause de la proximité: ce qui se doit entendre quand la syncope se fait. D. O.

[notation musicale]

Quarte tres Moins   Tres bonnes.   Paſſables.   Quarte en Syncope.
bonne.   bonne.
  B   B   C   C   D   O.

I'auois oublié a dire que l'on void frequemment chez du Caurroy la
cadence rompuë, le redoublement de la Quarte, & le progrez de Septieſme & Neufieſme, tout cela eſt bon: mais il faut eſuiter ces derniers
icy quand la Septieſme, & la Neufieſme ſont ſi proches, qu'il ny a qu'v-
ne ou deux notes entre deux, n'eſtoit qu'on peut prendre ayſement, &
bien a propos l'Octaue de laditte Septieſme comme ſeroit en Cadéce.

Exemple du progrez de la Neufieſme & Septieſme.

[notation musicale]

Les progrez de Neufieſme & Septieſme ſont bons, a   Mauuais   Bon en Cadence.
cauſe de la multitude des notes qui ſont entre deux.   progrez.

Pratique de la Compoſition a deux, en diuerſes façons, & puis a 3. & a 4.

Ayant veu les preceptes du Contrepoint en deſtail, & par pieces,
& ce qui ſe peut faire a 2, a 3, & a 4. Reſte que nous les reduiſions en
pratique a noſtre ordinaire. Ie mettray doncques en auant quelques
Contrepoints diuerſement variez ſur vne partie.

[notation musicale]

Les parties ſuiuantes ſont toutes contre ce ſujét.

[notation musicale]

Autrement.   Autrement.

[notation musicale]

I

Autre Sujét diuersement couché.

Les parties suiuantes sont toutes contre ce Sujét.

Sur le mesme Sujét a 2, a 3, a 4, a 5, & a 6.

Ce Contrepoint ne vaut rien a cause   Bon a plusieurs parties.
de deux fausses relations du Triton.

A 2. proprement.   A 3. proprement.   A 3. proprement.

A 4. proprement.   A 4.   A 4.

A 5.   A 5.   A 5.

A 5.   A 6.   A 6.

A 6.   A 6.   A 6.

Autre Sujét a 2, a 3, & a 4.

A.   Les parties suiuantes sont contre ce Sujét.

A deux contre ce Sujét   A. Premiere façon de Contrepoint.

Seconde façon a deux.

Troisiesme façon a deux.

Quatriesme façon a deux.

Cinquiesme façon a deux.

Sixiesme façon a deux.

TRAITE

A Trois sur le mesme Sujét.

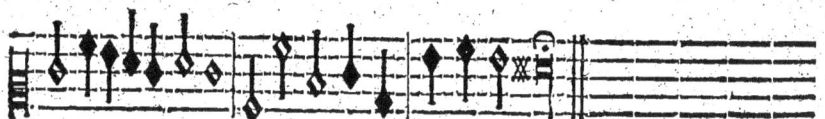

A Quatre sur le mesme Sujét.

I iij

A Quatre sur le mesme Sujét.

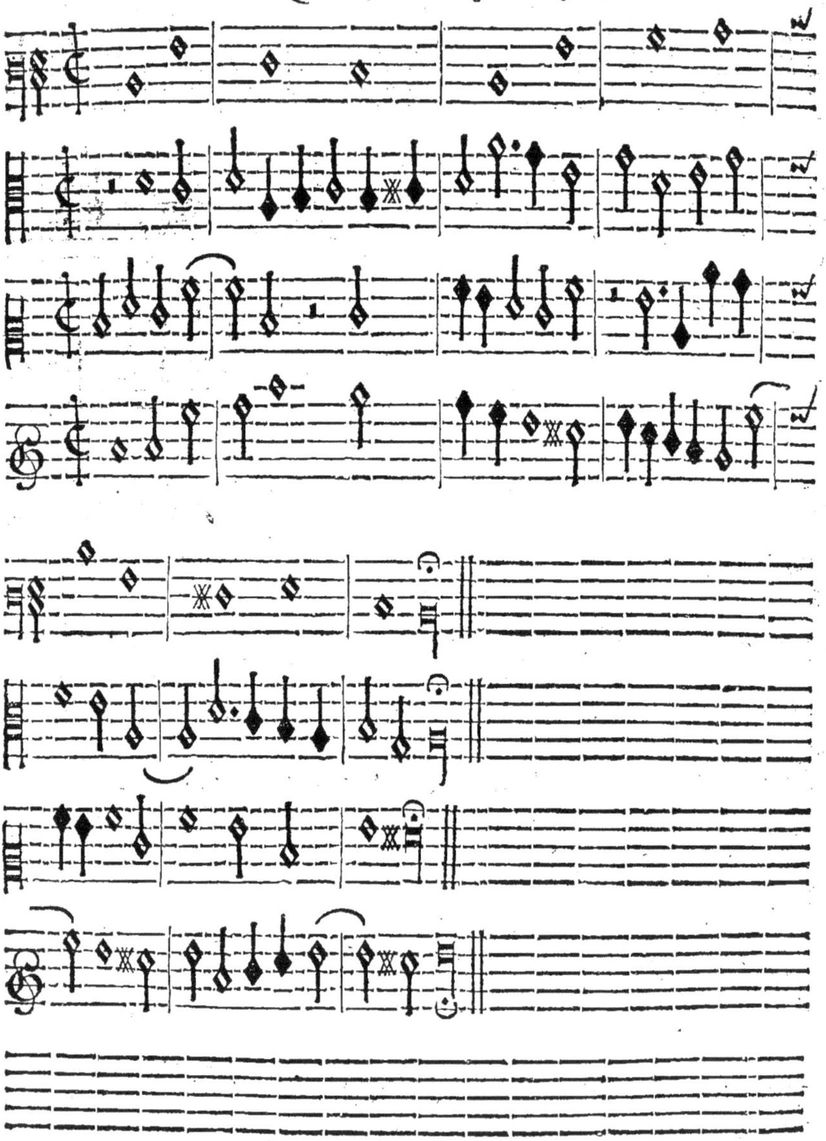

Autre Contrepoint a Trois.

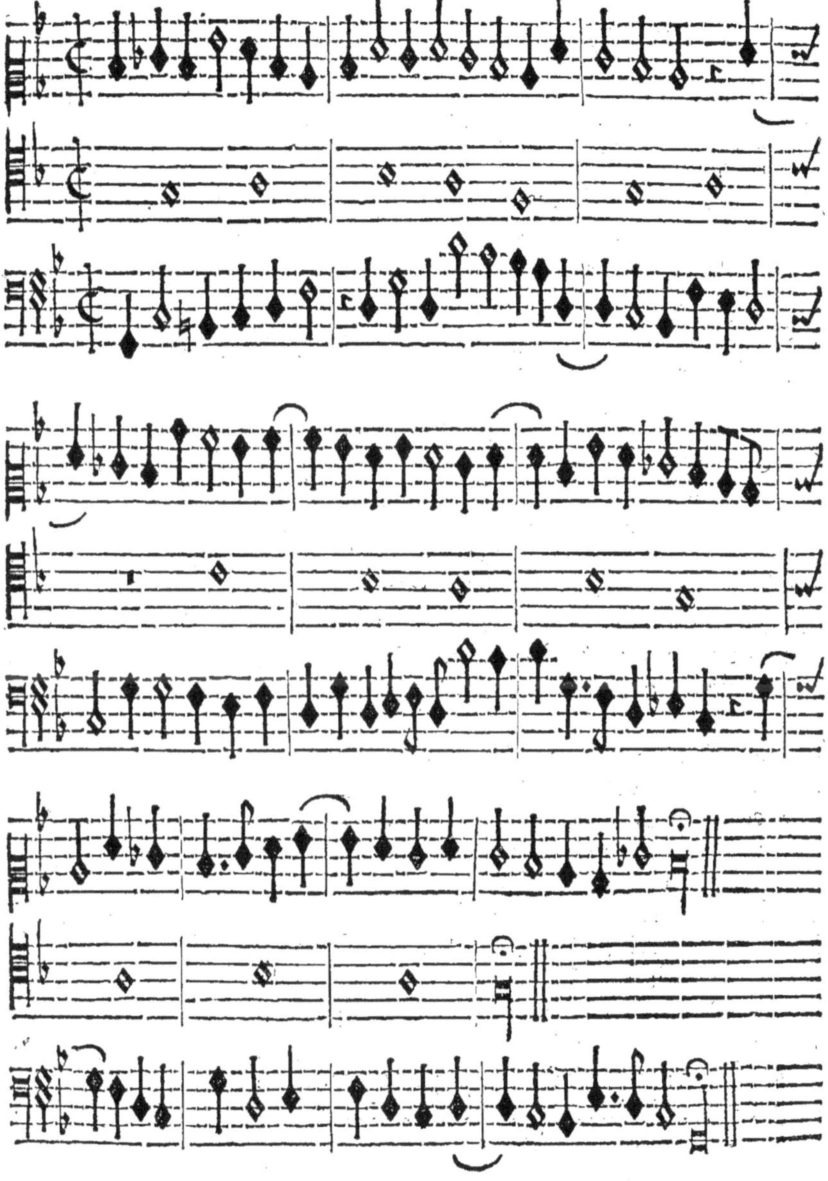

CHAPITRE II.

Reigles de la Composition, pour ceux qui ne fçauent pas la pratique de la Musique.

1. FAut auoir en main, ou pluſtot en l'eſprit les proportions Geometriques du Monochorde, & les Arithmetiques, les appliquant aux Harmoniques, comme je les ay miſes par ordre parlant des Conſonances. Voyez les auſſi cy apres en la table des accords Synonymes, au Chapitre 4.

2. Faut ſçauoir que les principales Conſonances ſont Diapaſon, Diapente, Diton, & Diapaſonditon, qui eſt la double du Diton &c. Ce ſont les trois accords que l'on doit diſtribuer aux parties compoſant a quatre, chacune faiſant l'accord qui luy eſt le plus conuenable.

3. On doit chercher les plus proches accords pour l'ordinaire, a quoy ſeruira de ſçauoir que les quatre parties ſont le Deſſus, la Haute-Contre, la Taille, & la Baſſe. Si le Deſſus fait Diſdiapaſon, la Haute-Contre fera Diapaſondiapente, & la Taille Diapaſonditon : mais voicy l'ordre meilleur, & plus facile. Le Deſſus doit faire Diapaſonditon : la Haute-Contre Diapaſon, & la Taille Diapente : & tout cela a l'egard de la Baſſe, qui eſt le fondement auquel toutes les parties ſe doiuent raporter, & eſtre ſoutenuës, bien qu'entre elles ne ſoyent gueres bien Conſonantes. Finalement ſi le Deſſus fait le Diapaſon, la Haute-Contre fera le Diapente, & la Taille Diton, ou Semiditon, qui ſont les plus proches accords.

4. Faut tranſporter vos proportions, ou Conſonances trouuées, & les ageneer ſur les lignes de Muſique qui ſont cinq, ou bien ſur les eſpaces entre les lignes : quoy que vous le puiſſiez ſans vous ſeruir de lignes.

5. Notez qu'il ny a que ſix voix, ou notes, nommez les comme vous voudrez. On les nomme ordinairement Vt, ré, mi, fa, ſol, la : nous les nommerons icy G, A, B, C, D, E, F. I'ay mis la Septiefme afin que recommençant, & reprenant G, apres la Septiefme nous venions a la Huictiefme, qui ſera le Diapaſon, montant de la ſorte ſi haut que nous voudrons en doublant les lettres. Tellement que doublant trois fois A, A, a : & vſant de grand, petit, & moyen a, vous ferez le Diſdiapaſon, & ainſi dés autres lettres. Mettons vn exemple, & compoſons par lettres.

	X X X X
Le Deſſus dira	a g a f g a a a g a
La Haute-Contre	e e e d d e e f e e
La Taille	C B A A B C E D B C
La Baſſe	A E C D B A C D E A

La raiſon de cecy eſt que ſuppoſant qu'il y a lettres baſſes, & lettres hautes, les vnes a la double, les autres a la triple, & quadruple : le C bas ou grand fait le Diton contre A bas. E le Diapente, l'A de la double fait le Diapaſon. Le e mediocre Diapaſonditon : l'e, le Diapaſondiapente, & le petit a de la quadruple fait le Diſdiapaſon &c. C'eſt ainſi que cette Melopée a eſté faite : car auec la premiere lettre A la Taille fait le Diapaſonditon, qui eſt c. la Haute-Contre le Diapaſondiapente, qui eſt e. & le Deſſus le Diſdiapaſon, qui eſt a, & ainſi des autres. Voicy la meſme choſe reduitte en notes de Muſique.

Deſſus.

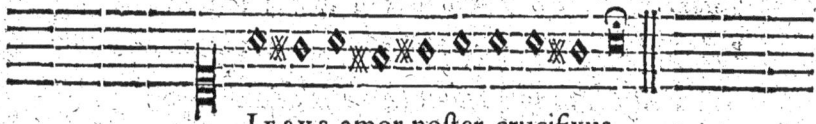

I ESVS amor noſter crucifixus.

Haute-Contre.

Taille.

Baſſe.

K

TRAITE'
CHAPITRE III.

Pratique de la Composition par nombres Arithmetiques.

LA Composition qui se fait par nombres Arithmetiques, est plus aysée que la precedente, qu'ainsi ne soit voyez en l'experience.

Pour signifier & exprimer en chaque partie, Vt, ré, mi, fa, sol, la, nous mettons 1, 2, 3, 4, 5, 6 : & pour monter plus haut adjouterons 7. & puis 8. sera le Diapason contre l'vnité. 10. Diapasonditon. 12. Diapasondiapente, & ainsi dès autres. S'il est de besoin de descendre plus bas que 1. il se faut seruir de 4, 3, 2, & 1, s'il faut descendre quatre chordes plus bas : si trois, on se seruira de 3, 2, & 1. seulement.

En cecy vous voyez que le Chifre mesme, ou les nombres vous montrent qu'elle Consonance c'est : voyez ce petit Motet a quatre par composition de nombres.

Dessus.	4 4 5 4 4 3 4 2 2 1 1 1 1.
Haute-Contre.	5 6 6 6 5 5 5 4 4 3 3 2 3.
Taille.	6 7 7 6 6 5 6 4 5 3 4 3 4.
Basse.	1 4 2 6 8 5 3 4 2 3 1 5 1.

Voicy le mesme reduit en notes de Musique.

Dessus.

IESVS amor noster pro nobis crucifixus.

Haute-C.

Taille.

Basse.

Autre exemple a Quatre, par nombres Arithmetiques.

Basse. 1 4 2 5 4 4 7 6 4 8 6 4 5 1.

Taille. 5 5 6 6 8 8 6 7 10 9 7 8 6 5.

Haute-Contre. 3 4 4 5 6 6 4 5 6 8 5 6 6 5 3.

Dessus. 2 3 3 4 5 5 6 5 8 7 5 5 4 5.

Sancta Maria succurre fidelibus tuis.

CHAPITRE IV.

De la Composition par nombres Harmoniques.

CEtte façon de composer est beaucoup plus excellenté, & docte que les autres deux : mais tres difficile, pour ce que comme vous sçauez les nombres Harmoniques sont les principes, & fondements de toute bonne Musique pratique : d'ou resultent diuerses proportions, qui sont choses tres mal aysées. Pour cette cognoissance je me seruiray de six nombres, 1, 2, 3, 4, 5, 6. puis que le nombre Senaire contient toute sorte de Consonances en perfection, comme nous auons dit ailleurs, si ce n'est que je sois contraint par necessité d'vser d'autres nombres plus grands pour fournir les trois accords ordinaires aux quatre parties.

Sçachez donc que 2. comparez a 1. c'est le Diapason. 2. comparez a 4. c'est le mesme. 3 a 2. le Diapente. 3 auec 1. Diapasondiapente. 4 auec 3. Diatessaron. 4 auec 1. Disdiapason. 5 auec 1. Disdiapasonditon, ou la quintuple. 5 auec 4. Diton. 6 auec 5. Semiditon. 6 auec 4. Diapente. auec 3. Diapason. auec 2. Diapasondiapente. auec 1. c'est la Sextuple, c'est a dire Disdiapasondiapente.

Cela suposé il vous sera aysé maintenant de composer Harmoniquement. La Basse qui est le Sujet se seruira seulement du nombre 2 placé en tel lieu qu'on voudra : & les autres parties se seruiront de diuers

K ij

nombres Harmoniques, c'est a dire feront harmonie contre le 2. de la Baſſe. Eſcriuez donc premierement le Sujét en nombres Arithmetiques reſpondants aux Harmoniques ainſi.

Le Sujét par nombres Arithmetiques reſpondants aux Harmoniques.

1 5 3 4 5 1 8 6 6 6 5 1.

Laudate Dóminum in ſanctis ejus.

Deſſus.	8 5 4 6 5 8 5 5 5 6 10.
Haute-Contre.	6 4 5 5 4 6 3 4 4 5 8.
Taille.	5 3 5 4 3 5 2 3 3 4 6.
Baſſe.	2 2 2 2 2 2 2 2 2 2.

On peut faire encor d'vne autre façon ſi on veut, gardant ces quatre preceptes.

1. Seruez vous de ces trois nombres ſeulement a la Baſſe, a ſçauoir 2. 4. 5.

2. Les autres parties vſeront de ceux-là, & de tous les autres qui ſeront neceſſaires pour faire diuerſes Conſonances auec le Sujét poſé le premier.

3. Vous compoſerez a voſtre fantaſie tout ce que vous voudrez, moyennant que vous mettiez toujours les trois accords ordinaires a quatre parties, qui ſont Diton, ou Diapaſonditon, Diapente, ou Diapaſondiapente, Diapaſon, ou Diſdiapaſon : car je les mets par fois indifferemment. Rarement vſerez vous du Diateſſaron & Exachorde, d'autant que leur compoſition eſt fort mal ayſée : que ſi voulez vous en ſeruir, voicy comment vous le pourrez. Le Diateſſaron c'eſt de 4 a 3. l'Exachorde majeur de 5 a 3. s'ils ne ſe peuuent joindre au Sujét joignez les a quelqu'vne des autres parties : mais prenez garde que deux Diapaſons, & deux Diapentes ne ſe ſuiuent immediatement.

4. Seruez vous des nombres Arithmetiques pour le Sujét *ad libitum,* & placez les ſur les lignes & eſpaces que vous voudrez : vous aurez voſtre modulation en bonne Muſique. Eſcriuez donc tel ſujét que bon vous ſemblera en Chifre ſur ces lignes, & eſpaces indifferemment, pourueu qu'il y ayt autant de nombres Harmoniques a la Baſſe, qu'il y a de nombres Arithmetiques au Sujét, vous aurez a laditte Baſſe le Sujét de voſtre piece, auquel il ſera ayſé d'adjouter les autres parties, & les d'eſcrire ſeparement.

Sujét de la Melopée par nombres Arithmetiques.

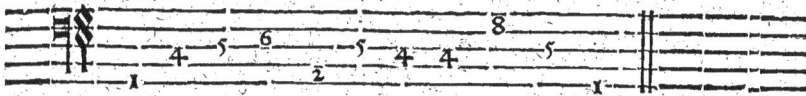

Les nombres de ce Sujét montrent l'Arſis, & la Theſis, c'eſt a dire le Graue, & l'Aigu quand il faut monter, ou deſcendre : car 1 c'eſt vt. 4 fa. 5 ſol. 6 la. &c. Ie ſçay bien que la proportion du Diton c'eſt de 5 a 4. & du Semiditon de 6 a 5. neantmoins je les mets indifferemment y eſtant contraint. Faiſons donc le ſuſdit Sujét a quatre parties en cette ſorte par nombres Harmoniques.

Deſſus.   10 16 15 5 16 15 8 12 8 5 16.

Haute-Contre, 8 12 12 4 12 10 5 10 6 4 12.

Taille.   6 10 10 3 10 6 3 8 5 3 10.

Baſſe.   2 4 5 2 4 5 2 4 4 2 4.

Voyez comme les nombres s'entre raportent admirablement bien en proportion Harmonique en chaque partie l'vne auec l'autre, puis que le premier nombre de la Baſſe qui eſt 2, comparé auec le 6 de la Taille fait vn Diapaſondiapente, ou la Douzieſme. 2 auec 8 de la Haute-Contre la Quadruple, ou Quinzieſme. Le meſme 2 auec le 10 du Deſſus la Dixſeptieſme, ou la Quintuple, & ainſi des autres.

Si l'on pouuoit Compoſer Harmoniquement a quatre, le Sujét contenant toute ſorte de nombres ſans aucun choix, ce ſeroit vne merueille nompareille : mais il eſt fort mal ayſé, dautant que tout nombre comparé a vn autre ne peut auoir proportion Harmonique, ny Conſonance, ſi ce n'eſt par l'addition des nombres rompus. Cela ſe pourroit bien faire a deux, & peut eſtre a trois parties pour le plus : mais la choſe ne ſeroit du tout parfaite. Suiuent quelques Tables qui ſeruent a la compoſition des nombres Harmoniques.

Table de la Composition par nombres Harmoniques
dans le nombre de six.

$$1 \quad 2 \quad 3 \quad 4 \quad 5 \quad 6.$$
$$2 \quad 3 \quad 4 \quad 5 \quad 6.$$
$$3 \quad 4 \quad 5 \quad 6.$$
$$4 \quad 5 \quad 6.$$
$$5 \quad 6.$$
$$6.$$

Le nombre de six est tres parfait, pour ce qu'il contient en soy toute forte de Confonances : ce que vous recognoiſtrez ayſement ſi vous conferez tous ces nombres les vns auec les autres : comme 1. auec 2. & auec tous les autres juſques a 6. Deux auec trois, & les autres ſuiuants &c. comme vous voyez au commencement de ce Chapitre.

Tables des accords Synonymes.

Les Diapaſons.
1 a 2. 2 a 4. 3 a 6. 4 a 8. 5 a 10. 6 a 12. &c.
Les Diapentes.
2 a 3. 4 a 6. 6 a 9. 8 a 12. 10 a 15. &c.
Les Diateſſarons.
3 a 4. 6 a 8. 9 a 12. 12 a 16. 15 a 20. &c.
Les Ditons.
4 a 5. 8 a 10. 12 a 15. 16 a 20. 32 a 40. 64 a 80. 128 a 160. &c.
Les Semiditons.
5 a 6. 10 a 12. 20 a 24. 40 a 48. 80 a 96. &c.
Les Exachordes majeurs
5 a 3. 10 a 6. 20 a 12. 40 a 24. 80 a 48. &c.
Les Exachordes mineurs.
8 a 5. 16 a 10. 32 a 20. 64 a 40. &c.
Les Diapaſonsditons.
5 a 2. 10 a 4. 20 a 8. 40 a 16. &c.

Les Diapasonsfemiditons.

12 a 5. 24 a 10. 48 a 20. 96 a 40. &c.

Les Diapasonsdiatessarons.

8 a 3. 16 a 6. 32 a 12. 64 a 24. &c.

Les Diapasonsdiapentes.

1 a 3. 2 a 6. 3 a 9. 4 a 12. &c.

Les Diapasonsdiaex majeurs.

10 a 3. 20 a 6. 40 a 12. &c.

Les Diapasonsdiaex mineurs.

16 a 5. 32 a 10. 64 a 20, &c.

Les Disdiapasons.

1 a 4. 2 a 8. 3 a 12. 4 a 16. 5 a 20. &c.

Les Disdiapasonsditons.

1 a 5. 2 a 10. 4 a 20. 8 a 40. &c.

Les Disdiapasonsfemiditons.

24 a 5. 48 a 10. &c.

Les Disdiapasonsdiatessarons.

16 a 3. 32 a 6. 64 a 12. &c.

CHAPITRE V.

Pratique de la Composition pour ceux qui y font des-ja aduancez.

IL y a tout autant de façons de composer en Musique par le meslange de cinq accords, & leurs repliques, qu'il y a de manieres de pein-
dre en la peinture, de phrases en latin, de styles de parler en françois, &
de forte d'humeurs & d'inclinations en l'homme. Il y a tout autant de
diuers styles de côposition Musicale, qu'il y a de maîstres Côpositeurs :
car a grand peine en verra on deux qui s'accordêt en la façon de composer, ny deux compositions qui se ressemblent : d'autant qu'il y aura
toujours de la diference en la substance, ou en la quantité, ou en la qualité du chant, mode, inuention, liaison, mouuement, & temperement
de Consonances. Nous voyons cela par experience en la varieté que
l'on inuente tous les jours, en la conjonction, & maniement des accords auec plus ou moins d'industrie & doctrine. Tellement qu'on ne
sçauroit exprimer cette science si diuerse par escrit : c'est l'vsage, & la
pratique qui l'enseigne. On peut bien donner quelques reigles a ceux
qui commencent & profitent, telles que vous voyez icy.

Reigles de la Composition, ou du Contrepoint.

1. Apres auoir pris & choisi le Sujet conforme a quelqu'vn des douze modes, que la Taille, ou le Dessus tiendra, & rarement les deux autres parties : il faut que le Contrepoint se fasse principalement des Consonances les plus douces, & plus proches qu'on pourra trouuer.

2. Le Contrepoint doit commencer, & finir ordinairement par vne Consonance parfaite : je dis ordinairement pour ce que par fois il peut commencer, & finir par vne imparfaite.

3. On peut passer d'vne Consonance parfaite a vne imparfaite, & au contraire de l'imparfaite a la parfaite : mais il faut esuiter tant que faire ce peut les relations non Harmoniques, que l'on appelle fausses relations, comme sont celles du Triton, ou Quarte superfluë, & de la Quarte diminuée, la presque Quinte, la Quinte superfluë &c. On va aussi par fois de l'accord parfait au parfait, pourueu qu'ils soyent de diuerse espece : car plusieurs Consonances parfaites de mesme espece ne se peuuent pas bien suiure immediatement par semblable mouuement, comme deux Octaues, deux Quintes, & deux Quartes : si bien par mouuement contraire.

4. Les parties du Contrepoint tant qu'il est possible doiuent proceder par mouuement contraire, si elles ne sont contraintes par fois de monter, ou descendre par mouuements semblables. Il est bien loisible d'aller de la Tierce mineure, ou majeure a la Quinte en descendant : pourueu qu'vne des parties se meuue par degrez conjoints, comme fa mi, contre la mi : car l'effet n'en est pas si bon par degrez separez comme sol vt, mi vt, quoy qu'il soit loisible, & en vsage.

5. Quand les parties du Contrepoint passent d'vne Consonance imparfaite a vne parfaite, soit par mouuement semblables, ou par contraires : il se faut seruir de l'imparfaite plus voisine de la parfaite. Par exemple, s'il faut passer de la Sexte a l'Octaue, ce doit estre la majeure, comme son vray & naturel effet, & rarement la mineure. De cette reigle il ny a qu'vne exception, a sçauoir quand on passe de la Tierce a la Quinte : car alors ce ne doit point estre la majeure, ains la mineure, a cause de la fausse relation. On ne doit point faire scrupule d'aller par fois de la Dixiesme, ou Tierce majeure a l'Octaue, ou a l'Vnisson, quoy qu'ordinairement ce doiue estre la mineure par mouuement contraire. Quelques vns esuitent le passage qui se fait de la Sexte, a la

Quinte

Quinte, & de la Sexte à l'Octaue, tant en montant, qu'en defcendant enfemble, & font tres-bien : car cet effet ne vaut rien contre la Baffe, quoy qu'il foit permis dans la compofition des parties, & feulement entre les parties.

6. Quand on va d'vn accord imparfait à vn autre imparfait, il les faut diuerfifier pour donner grace à la Mufique; & par ainfi apres la Tierce, & Sexte majeures, doiuent fuiure la Tierce & Sexte mineures; & au contraire, apres la Tierce & Sexte mineures, doiuent fuiure la Tierce & Sexte majeures. Cela eft vray pour l'ordinaire, mais par fois il eft licite de faire autrement.

7 La Quarte s'applique diuerfement. Premierement, quand elle eft fouftenuë de la Sexte, ou fuiuie & fauuée de la Tierce, Quinte & Sexte par fyncope, ou autrement. Secondement, dans l'Harmonie des parties, où fe trouue auffi la Sexte. Troifiefmement, quand apres la Quarte fuit la fauffe Quinte, & apres le Triton la Sexte mineure. Iamais la Quarte n'eft receuë entre la Baffe, ou autre partie quelle qu'elle foit, comme Diffonance : & partant elle peut entrer au Contrepoint de deux voix pour Confonance parfaite, tout ainfi qu'elle entre dans le corps de l'Harmonie auec les parties.

8 Les rencontres qui fe font auec l'Vniffon & le Diapafon, fe doiuent euiter lors que deux parties marchent par degrez feparez, comme fol vt, contre mi vt : vt fol, contre mi fol : ou bien vt mi, contre fol mi. Mais fi la voix graue procede par degrez feparez, & l'aiguë par conjoints, & non au contraire : alors le rencontre fera bon & legitime. Comme re fol, fa fol, mi la, fol la. Les autres rencontres font permis, pourueu qu'ils ne fe rencontrent point dans l'Vniffon & Octaue, & ne foyent contraires aux reigles fufdites, comme de la Tierce a la Quinte, mefmes par degrez difioints, qui eft vn effet licite.

9 Il faut fuir l'Vniffon frequent, tant qu'il eft poffible, au Contrepoint, tant fimple que figuré : voire ne faut point fe feruir fi fouuent du Diapafon, dautant que ces Confonances chatouillent moins l'oreille, que plus elles ont de perfection & de reffemblance de fons, lors qu'elles font trop frequentes :

Tant mange-t'on de miel, qu'en fin on s'en dégoufte.

10 Finalement, notez qu'il n'y a reigle fi generale, qu'elle n'aye quelque exception : & partant nonobftant ce qui a efté dit, il y a beaucoup de licences dans l'art de la Melopée, que l'experience en-

feigne auec le temps dans la pratique. Par exemple, que deux Quartes, & deux Quintes de diuerfe efpece, voire de mefme efpece, font licites par fois : Que la fauffe Quinte, & la fauffe Quarte font tres-douces, & excellentes, pourueu qu'apres celle là fuiue la Tierce majeure, & la Sexte mineure apres celle cy, &c. l'on verra par apres tout cecy en pratique.

Notez quatre chofes principales en la compofition : l'inuention, l'ordre, la liaifon des accords, & le mouuement diuers : & que tant mieux on manie ces quatre chofes, d'autant meilleure en eft l'Harmonie, & le chant plus agreable.

Pour clorre ce Chapitre, il faut remarquer qu'vne des principales perfections en matiere de Compofition, c'eft de bien faire chanter les parties fans les forcer, precipiter, ny contraindre.

La Compofition s'entend premierement de quelque beau fujet en vne feule partie, moyennant qu'il foit chanté de bonne grace. Secondement, de deux parties, que l'on appelle vulgairement Duo, & de trois, qui eft le Trio, &c.

La Compofition a deux, a trois, & a quatre parties, n'eft pas fi aifée que l'on diroit bien, quoy que a cinq, a fix, a huict, & a plufieurs Chœurs, il y ait plus de trauail, & moins d'induftrie : c'eft pourquoy fi la chofe n'eft bien faite & élaborée, on n'en fait point d'eftat : car à trois & a quatre, il faut que les parties foyent fi artiftement & parfaitement liées, qu'on n'y puiffe adjoufter vne quatriefme & cinquiefme partie, autrement le tout n'en vaut rien. Ie mettray cy apres vn Duo, vn Trio, & vn Quatuor pour exemple, puis que la perfection de la Compofition gift es quatre parties : A ces fins difons vn mot du Contrepoint fimple & figuré.

C H A P I T R E   VI.

Du Contrepoint fimple & figuré.

COntrepoint, parlant en general, n'eft autre que la Compofition mefme, ainfi appellé, pour ce que anciennement on fe feruoit de poincts contre-points, au lieu de nos figures.

Il fe diuife en fimple & compofé : le fimple eft celuy auquel l'on fe fert fimplement de notes égales, note contre note, fans varieté de figures, comme l'on void en nos Fauxbourdons.

Le figuré, auquel on vſe de figures inégales & diuerſes, qu'on appelle pour cette raiſon Muſique figurée : quelques vns toutefois nomment le Contrepoint Fleuretis, qui eſt vn déchant d'vne ou pluſieurs parties ſur vn Plain-chant, cherchant comme la créme & la fleur des accords les plus doux, principalement auec fredons, roulemens, tremblemens, & autres beaux traits de quelque belle voix, qui les face bien à propos.

Exemple du Contrepoint ſimple.

A DEVX.

A DEVX.

A TROIS.

A QVATRE.

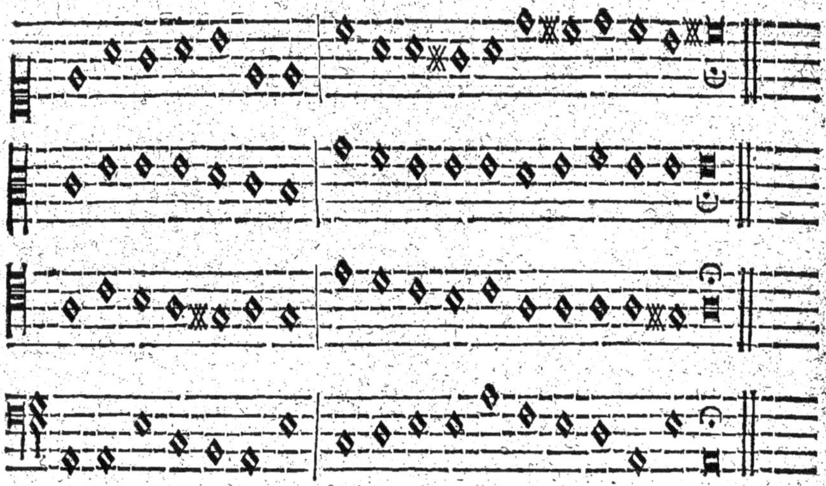

A CINQ.

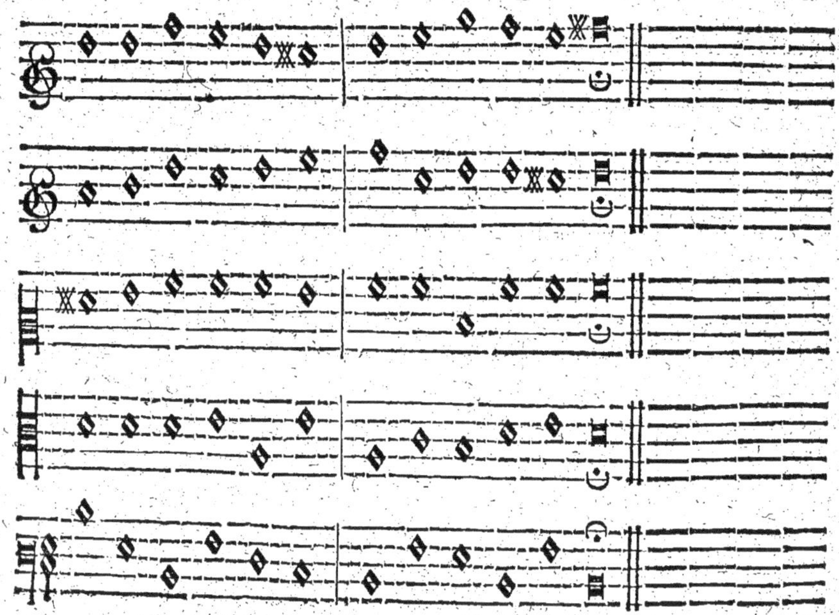

Quoy que ce que j'ay dit du Contrepoint figuré soit certain : toutefois a vray dire, il n'est autre qu'vne Composition vne peu plus delicate & industrieuse, en laquelle on se sert de la diminution des notes
Minimes, Semiminimes, & Croches pour la Semibreue : lors aussi
qu'on ne s'arreste point aux accords simples : mais on vse de Syncopes
& Dissonances de diuerses figures, fugues, & autres industries, dont on
se peut aduiser. Telle est la Musique d'Orlande, Claudin, du Caurroy,
& autres.

Selon que j'ay peu cognoistre jusques a present par vne longue experience, me semble que l'on peut composer en trois ou quatre façons principalement : en air, où le battemet, ou mouuement commun
ne se baille point par mesure reglée : mais on bat quasi a chaque note,
& s'appelle Musique d'air. Secondement en Musique legere & gaye,
approchant de l'air, où se baille la mesure reglée commune, où les parties vont le plus souuent ensemble de mesme pied sur vn mesme sujet,

L iij

bien qu'on y puiſſe meſler quelque peu d'induſtrie. Ceſte façon de Cõpoſition eſt en ce temps en vogue, mais ne l'eſt plus tant qu'elle a eſté : teſmoin la Muſique gaillarde de Granier, & Intermet jadis. Troiſiément, en Muſique graue & deuote propre pour l'Egliſe, en laquelle on meſle bien ſouuét de l'induſtrie, accompagnée de Fugues naturelles, & non contraintes : Telle eſt la Muſique d'Orlande, & Bournonuille. La quatrieſme ſorte eſt vne Muſique grandement obſeruée, toute pleine d'induſtrie & doctrine, où l'on fuit ce qui eſt commun auec obſeruation de Cadences rompuës, pour chercher ce qui eſt de plus rare, & moins vſité : comme pourroit eſtre celle de Claudin, du Caurroy, & pluſieurs autres Maiſtres de ce temps, comme l'on peut voir au Puy de Saincte Cecile. Cette maniere de Compoſition, & Contrepoint obſerué, ne plaiſt gueres qu'aux Maiſtres, qui jugent & gouſtent ce qui eſt d'artifice en la diſpoſition & meſlange d'accords bien obſeruez, & preſſez. C'eſt pourquoy j'en mettray icy quelques reigles.

Reigles du Contrepoint preßé.

PAr ce Contrepoint preſſé ou eſtroit, j'entends vne Compoſition eſtroitement obſeruée, & docte, où les Conſonances ſont liées, & meſlées auec les Diſſonances par induſtrie & artifice. Voicy comment.

1. On éuite toute ſorte de fauſſes relations contre la Baſſe, & non contre les autres parties, pource que ce ſeroit vn trop grand trauail : c'eſt ainſi que font ceux qui preſentent au Puy de Saincte Cecile, hors lequel on ne les éuite pas touſiours, auſſi n'y eſt on pas obligé.

2. La Syncope, qui ſe varie en vne infinité de façons, eſt excellente, & grandement importante, ayant des effets admirables quand elle eſt bien maniée : car c'eſt elle qui allie les mauuais accords aux bons, les moderant & détrempant, en ſorte que ce qui eſt rude & amer de ſoy, eſt rendu doux par le moyen d'icelle. Voyez en quelques exemples cy apres, leſquels nous montreront qu'apres la Syncope il eſt loiſible de faire tel accord qu'on voudra, & ce par degrez conjoints, & non ſeparez.

3. Le Point ne ſyncope jamais, & en cela a tres-bien jugé le ſieur du Caurroy, dans les Oeuures duquel vous ne le trouuerez en vſage, pource que l'experience montre par effet, qu'eſtant mis pour Syncope il eſt rude, & comme inſupportable ce ſemble.

4. Quelques-vns eſtiment que la huictieſme partie d'vne meſure, c'eſt à dire la Crochuë, ne peut ſauuer ny deux Quintes, ny deux Octaues, je croy neantmoins le contraire auec ledit du Caurroy, qui l'a pratiqué pluſieurs fois.

5. La Quarte ſe pratique en diuerſes façons auſſi bien que la Syncope, & eſt ſauuée tantoſt par la Tierce & par la Sexte, tantoſt par la Quinte, tant fauſſe que bonne, &c. Vous en verrez quelques exemples cy apres.

6. La Quinte & l'Octaue doiuent eſtre accompagnées d'ordinaire de la Tierce, & la Sexte ſe met par fois au lieu de la Quinte, afin que l'accord parfait eſtant accompagné de l'imparfait, contente mieux l'oreille, & ce à trois parties.

7. Deux Sextes mineures, & deux Tierces majeures de ſuite, ordinairement ne valent rien à cauſe de la fauſſe relation. Pour ce qui eſt des deux Tierces mineures de meſme eſpece, ou égales, elles ne font point permiſes principalement par degrez ſeparez, ſi ce n'eſt qu'elles ayent de la varieté & inégalité par le moyen du Semiton majeur diuerſement placé, autrement la relation harmonique n'y ſera pas. Deux Sextes mineures ſont bonnes de ſuite, quand les deux parties montent enſemble ou deſcendent d'vn Semiton: ſi d'vn Ton, ne valent rien.

8. D'ordinaire on ne paſſe point de la Sexte majeure à la Tierce majeure, ains à la mineure: ny au contraire de la mineure à la mineure, ains à la majeure, quoy qu'elles ſe trouuent par fois dans du Caurroy par degrez conjoints, & non autrement.

9. Apres la fauſſe Quinte doit touſiours ſuiure la Tierce majeure, ſi vous voulez que voſtre Contrepoint ſoit parfait: & apres la fauſſe Quarte, la Sexte mineure: bien que quelques vns ſe licentient en cela, ou par ignorance, ou par vanité, ſi ce n'eſt qu'alors ils abandonnent le Contrepoint preſſé pour prendre le large.

10. Quoy que quelques-vns ſe licentient de la Sexte à la Quinte par meſme mouuement, toutesfois il vaut mieux fuir cét effet veu qu'il n'eſt pas tant bon, voire eſt inſipide & mal gracieux.

11. Notez auſſi que la Tierce, ou Dixieſme deuant l'Octaue & Vniſſon, doit eſtre majeure par ſemblable mouuement, n'eſtoit que la Sexte s'y trouuaſt: la mineure doit preceder l'Octaue & l'Vniſſon, ſi elle ſe fait par mouuement contraire.

12. Si on met la Sexte auec la Quarte, celle cy eſtant au deſſous, il faut que celle là ſoit majeure, & non mineure, pource que cette Quarte eſt bonne à cauſe de la Tierce majeure, & la Quarte n'eſt pas tant bonne à cauſe de la Tierce mineure. Cét effet eſt encor meilleur lors que la Tierce eſt en bas, & la Quarte en haut. Vous en auez veu l'exemple auparauant.

13. C'eſt touſiours le meilleur & le plus parfait de paſſer de la Tierce majeure & de la Sexte mineure à la Quinte : & de la Sexte majeure à l'Octaue par mouuement contraire d'vne partie, & ſur vne meſme chorde d'vne autre : dautant que ces Conſonances eſtans imparfaites, cherchent la perfection à laquelle chaque choſe tend par le chemin le plus court.

14. Il faut vſer fort rarement dans les Duos, de l'Vniſſon & de l'Octaue, excepté au commencement & à la fin.

15. Les parties du Contrepoint doiuent eſtre tellement vnies & voiſines, que l'on ne puiſſe aiſément mettre d'autres Conſonances entre deux, tant que faire ſe peut, & faire en ſorte que les chants ſoyent beaux & agréables.

16. Il faut euiter trois ſortes de relations non Harmoniques : à ſçauoir du Triton, de preſque Diapente, du Diapaſon ſuperflu, & Semidiapaſon. Dauantage, il faut fuir dans la Compoſition tant que faire ſe peut, les progrés des Septieſmes & Neufieſmes, quand elles ſont ſi proches qu'il n'y a qu'vne note ou deux entre deux.

Quoy que ce que j'ay dit du Contrepoint preſſé ſoit vray, pluſieurs neantmoins ne font point ſcrupule de paſſer par deſſus, ne ſe ſoucians point d'obſeruer ces reigles : car à trois parties ils joignent l'Octaue auec la Quinte, laiſſant en arriere la Tierce, n'éuitant point les relations fauſſes, & non Harmoniques, voire prennent nouuelles licences: comme de faire deux Quintes de diuerſe eſpece contre la Baſſe, &c. ſe ſeruans tantoſt du Contrepoint large, tantoſt de l'eſtroit, qui eſt comme vne autre eſpece, qu'on peut nommer pour cette cauſe Contrepoint meſlé. Il eſt bien vray que pour trop obſeruer, on oſte vne bonne partie de la grace à la Muſique. Venons aux exemples.

Exemple

Exemple de la Syncope, & du Point.

Tout ce que chante cette Taille est bon contre le Deffus à cause de la Syncope.

Autre Sujét.

Le Point de ce Deffus ne vaut rien contre cette partie mise au deffous en diuerfe façons,
pource que le Point ne fyncope point.

Cette partie est bonne & licite conte le Point du Deffus.

Autre Sujét à Trois.

En cét Exemple le Point est bon & licite contre ces deux parties.

M

Addition de la Quarte.

LA Quarte est consonante, & non dissonante, pource qu'elle entre & se mesle dans la Musique, faisant vn tres bon effet auec la Quinte, ce qui ne se peut dire des pures Dissonances. Elle a esté de tout temps ainsi nommée mesme chez les Grecs. Iosquin des Prez excellent Compositeur de son temps, en a vsé en la Messe de L'homme armé à quatre, au commencement de *Et resurrexit*. De plus, chacun vse de la Quarte à la fin des pieces de Musique, ou la plus grande perfection des Consonances se doit retrouuer. Si elle n'estoit point consonante, elle seroit dissonante. Or si vous adjoutez la Seconde, ou la Septiesme, ou autre dissonante que ce soit, auec vne consonante jamais elles ne s'accorderont, si fera bien la Quarte estant jointe à la Quinte, &c. elle est au milieu des Consonances simples, en ayant deux dessus, & deux dessous. Pythagore & Ptolomée ont estably en la diuision du Tetrachorde, ou Diatessaron, les gods de la science, bien qu'ils soyent de diuerses opinions. Ie sçay bien qu'elle a esté tenuë long téps comme pour dissonante par quelques vns, ainsi que dit Zarlin: mais les Anciens l'ayans receuë, les nombres l'approuuant, & ceux qui touchent les Instrumés l'ayans trouuée plus douce, que ny les Tierces ny les Sextes, nous sommes aussi obligez d'en vser. C'est donc à tort que quelques vns l'ont rangée au nombre des Dissonances, & quelques autres ne l'ont pratiquée qu'elle ne fust soustenuë d'vne autre Consonance, comme de la Sexte.

EXEMPLE DE LA QVARTE DIVERSEMENT
pratiquée à trois parties, par le Sieur du Caurroy.

A TROIS.

A TROIS.

A TROIS.

M ij

Veritablement il faut auoüer que la Mufique eft celefte & diuine,
& qu'elle nous a efté donnée d'en haut pour noftre profit & contentement, mais le malheur eft qu'on en abufe : les vns en compofant, les
autres en chantant, à faute de fe propofer vne bonne fin & intention:
car la plus part des Chantres chantent par vanité, fçauoir eft pour faire entendre leurs belles & bonnes voix, afin d'en receuoir quelque
loüange : que peut on dire de ceux là autre chofe finon ce que difoit le
Fils de Dieu ? *Ie vous dis en verité, qu'ils ont desja receu leur recompenfe* : &
n'auront que cette pretenduë loüange.

Qu'ils fe fouuiennent de ce Chanoine regulier, lequel eftant allé
trouuer Saincte Liduuine, luy dit, qu'elle priaft Dieu de luy ofter ce
qui luy déplaifoit le plus en luy, & empefchoit fon falut. Ce Chanoine
auoit vne fort belle voix, qui luy caufoit de la vaine gloire en chantant. Auffi-toft que la Saincte eut fait oraifon pour luy, il denint
enroüé, & ne chanta plus. Ne fçachant pas d'où luy venoit ce rheu-
me il fe fit traiter : mais quand le Medecin fceut ce qui s'eftoit paffé
entre Liduuine & luy : S'il eft ainfi (dit-il) Hipocrate ny Galien n'a-
uanceront rien en cette cure.

Ie veux donc dire par cecy, que le Maiftre Compofiteur doit vifer
en fes compofitions à vne fin honnefte, ne les faifant ny trop legeres,
ny trop pefantes, ains entre deux, obferuant diligemment les reigles
de l'art : & que les Chantres chantent gayement, non par vanité, ains
par recreation & pour loüer Dieu, fpecialement à l'Eglife.

A DEVX. *Exemple du Contrepoint figuré.*

A TROIS.

Vsanne vn jour d'amour solicitée   Par deux vieil-

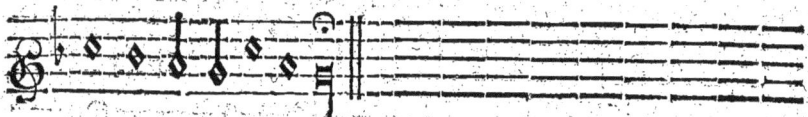

lards conuoitans sa beauté.

Vsann' vn jour d'amour solicitée   Par deux   vieillards

conuoitans   sa beau-   té.

Vsann' vn jour d'amour   solicitée   d'amour

solicitée   Par deux vieillards conuoi-   tans sa beau-   té

Vsanne vn jonr d'amour soli-   cité

e Par deux vieillards conuoitans sa   beauté.

CHAPITRE VII.

Des bons & mauuais effets en la Composition, & premierement des Fugues.

CE n'eſt pas peu de ſçauoir bien meſnager & manier les accords, veu que les Muſiciens mettent en cela quaſi toute la perfection d'vne bonne compoſition, & principalement aux Fugues, ou imitation, lors que les parties s'entre-ſuiuent de deux ou trois meſures plus ou moins, donnât loiſir aux vnes & aux autres d'entrer, & faire le meſme effet : ce qui ſe peut faire à l'Vniſſon, au Diateſſaron, Diapente, Diapaſon, &c. Vous en verrez par après la pratique.

Cependant remarquez en paſſant qu'il y a trois ſortes de Fugues. Fugue ſimple, ou commune, Fugue double, & Fugue renuerſée, ou de mouuement contraire, autrement ditte Contrefugue. Elle ſera ſimple, ſi toutes les parties, par exemple, diſent vt re vt fa mi fa ; double, ſi vne partie diſant, re fa ſol la, l'autre fait, la fa ſol la re ; la renuerſée ſe fait, lors que les parties faiſans leurs effets, chantent par mouuement contraire, comme au rebours & à la renuerſe, l'vne montant & l'autre deſcendant : Par exemple, vt mi ſol la ſol, & l'autre, fa la fa mi fa : d'où s'enſuit que toute Fugue renuerſée, ou de mouuement contraire eſt double, & non au contraire. Quant aux bons & mauuais effets ils ſe retrouuent aux rencontres, mouuemens, & degrez diſcretz ou ſeparez, & aux continuez ou conjoints : comme de l'Exachorde au Diapente & Diapaſon : du Diapaſonditon au Diapaſon, ſoit en montant ou en deſcendant. Cela ſe void auſſi en l'effet des faux rapports, ou fauſſes relations, & particulierement au Triton, autrement faux Diateſſaron : côme auſſi en l'effet mauuais de preſque Diapente, Diapente ſuperflus preſque Diapaſon, & Diapaſon ſuperflus : neantmoins on verra par après quelques effets licites touchant le meſme Triton & preſque Diapente, car pour le ſuperflus, il n'eſt point en vſage.

De plus comment c'eſt que deux Diapentes ſe peuuent mettre de ſuite, non ſeulement de diuerſe, voire de meſme eſpece : & quoy que ce dernier effet de meſme eſpece ne ſoit gueres vſité, ſi eſt ce qu'il y en a qui en vſent en ce temps, aſſeurans qu'il eſt bon & faiſable, pourueu qu'on mette vne note pour autre : c'eſt à dire, qu'elle s'entende autrement par ſuppoſition qu'elle n'eſt couchée : par exemple, vn ſol pour vn fa, vn la pour vn ſol, &c.

I'auois quaſi oublié de dire, qu'il ſe faut donner de garde de deux Octaues, non ſeulement en effet, mais auſſi en harmonie, lors qu'vne partie faiſant l'Octaue contre la Taille, ou autre, s'en va faire immediatement apres vne autre Octaue auec la Baſſe, ou autre partie, qui vient tout fraiſchement de commencer à chanter. Notez auſſi qu'vn des plus excellents effets, en matiere de compoſition, ſont les Syncopes, apres leſquelles il eſt permis de faire tel accord qu'on voudra apres la diuiſion faite : mais on ne reçoit point en ce temps le Point pour Syncope, comme il a eſté dit.

On verra auſſi comme il faut éuiter les fauſſes relations, & autres choſes dignes d'eſtre ſceuës. Il eſt bien vray qu'aux airs on prend vn peu plus de licence : car on ne fuit pas touſiours les fauſſes relations, auſſi n'y eſt on pas obligé. Ie vous demande, Claudin le Ieune, Orlande, & autres Maiſtres anciens, n'auoyent ils point l'oreille auſſi delicate que ceux de ce temps pour iuger de cét erreur, s'il le faut ainſi appeller? ie crains fort qu'il n'y ait vn peu trop d'imagination. Ne faut pas douter que deux Diateſſarons, du moins de diuerſe eſpece, ne ſoyent bons, & ſe puiſſent faire de ſuite, encore qu'ils ſoyent Conſonances parfaites, mais d'vne perfection moindre que le Diapaſon & le Diapente, & plus grande que le Diton & Hexachorde majeur : Ie veux dire que c'eſt vn genre d'accord parfait, metoyen entre le Diton & le Diapente, comme l'Exachorde eſt imparfait, metoyen entre le Diapente & le Diapaſon : le Diton entre l'Vniſſon & le Diateſſaron, quoy qu'ils ne ſoyent tous milieux Harmoniques.

Puis que l'occaſion ſe preſente de parler du milieu Harmonique, j'en diray vn mot en paſſant. Les Autheurs en parlent ſi diuerſement, que je ne ſçay à qui croire, eſtans de contraire opinion. La difficulté n'eſt pas petite, ſçauoir eſt, ſi le Diapaſon eſt diuiſé Harmoniquement la Quinte eſtant au deſſous de la Quarte, ou Arithmetiquement, la Quarte eſtant au deſſous de la Quinte, laquelle des deux eſt le milieu Harmonique, la Quinte ou la Quarte? Ie ſçay qu'il y en a qui tiennent que c'eſt la Quarte poſée au deſſous de la Quinte, & que la Quinte miſe au deſſous de la Quarte, c'eſt le milieu Arithmetique, à raiſon de l'ordre des nombres, tant Arithmetiques que Harmoniques.

Pour moy il me ſemble que ce deuroit eſtre le contraire, pource que l'authorité des anciens a vn grand poids, leſquels nous ayans laiſſé la diuiſion Arithmetique du Diapaſon en Quarte & en Quinte, la Quarte la te se trouuant au dessous, & la Quinte au dessus, il s'ensuit que le mesme Diapason estant diuisé Harmoniquement, la Quinte se trouuera au dessous de la Quarte : & par consequent le *médium Harmonicum* ce sera la Quinte, & non la Quarte : autrement il ne seroit Harmonique : car cét interualle ne peut estre Harmonique, lequel n'a aucune harmonie de soy : or la Quarte, parlant simplement, n'a point d'harmonie dans le Diapason Arithmetiquement diuisé ; doncques il ne peut estre le milieu Harmonique, ainsi des autres milieux tant Harmoniques qu'Arithmetiques. Voila mon opinion : toutefois je m'en rapporte à ceux qui voyent plus clair que moy en ce point de difficulté. Ie poursuis à ce que j'ay promis.

Exemples de quelques bons & mauuais effets en la Composition.

A DEVX.

Ordinairement Licite. Illicites, Vicieux. Bon.
illicite.

Bon. Bon. Faussesrelations.

TRAITE

A QVATRE.

Bons effets de diuers Contrepoints suiuants.

A QVATRE.

A QVATRE.

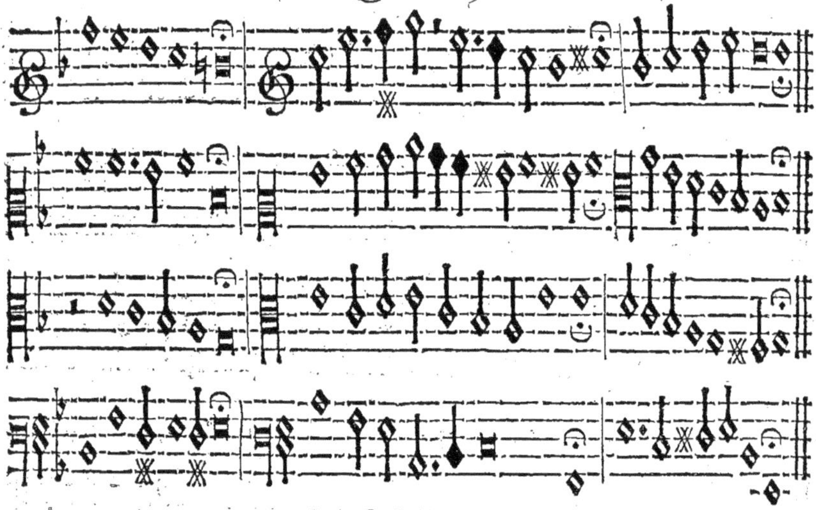

A CINQ.

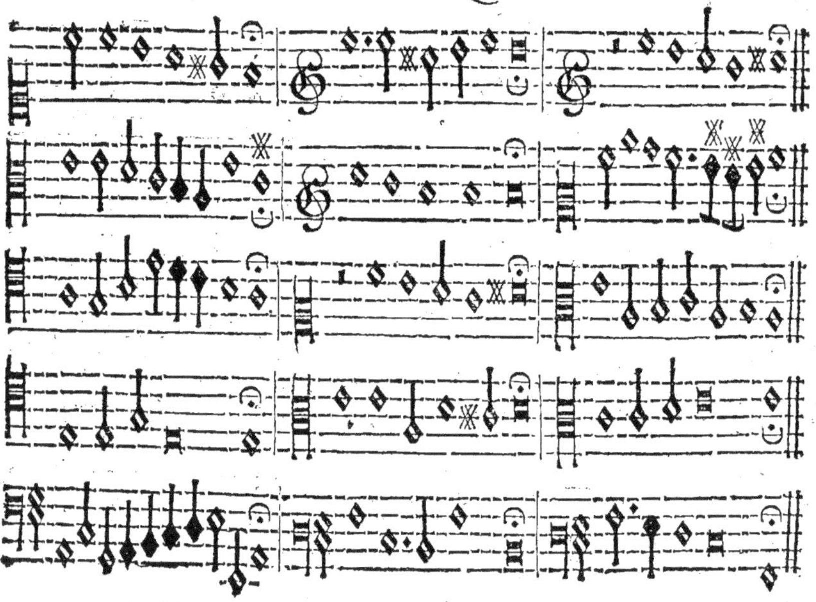

A QVATRE.

Autrement.

TRAITÉ
A TROIS.

Piece bien obſeruée.

A QVATRE.

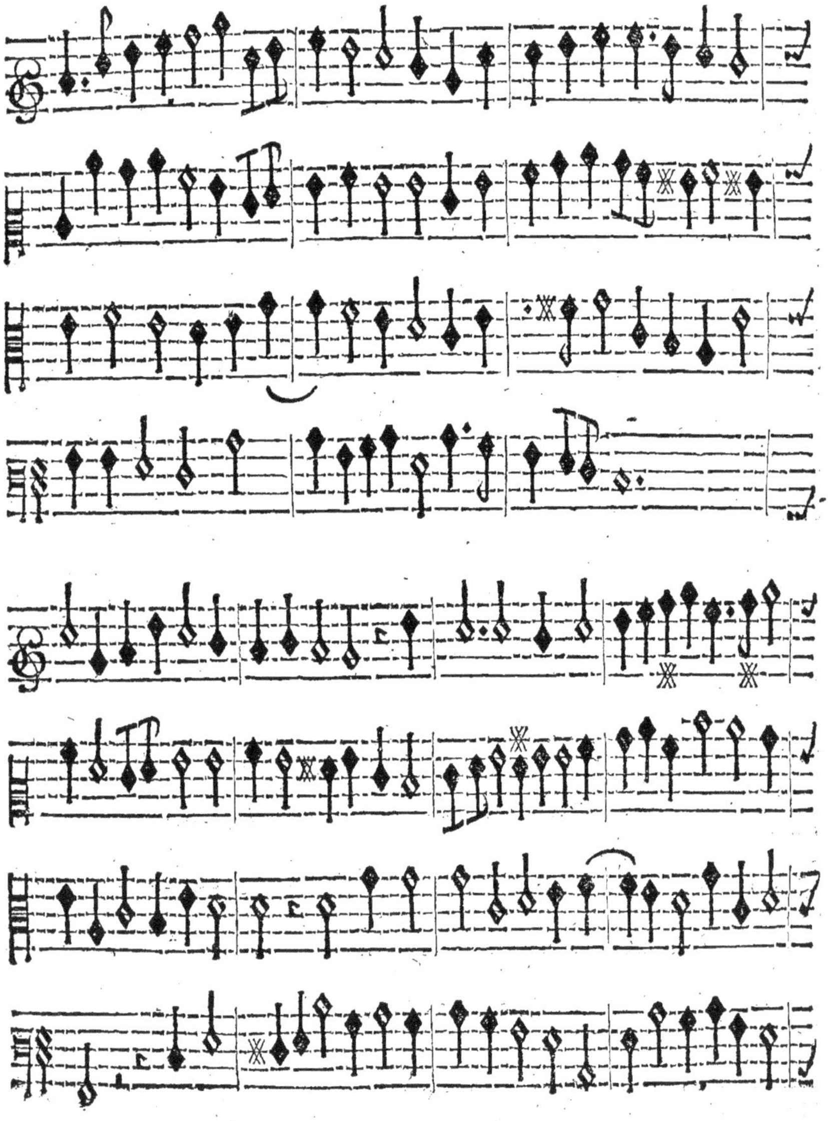

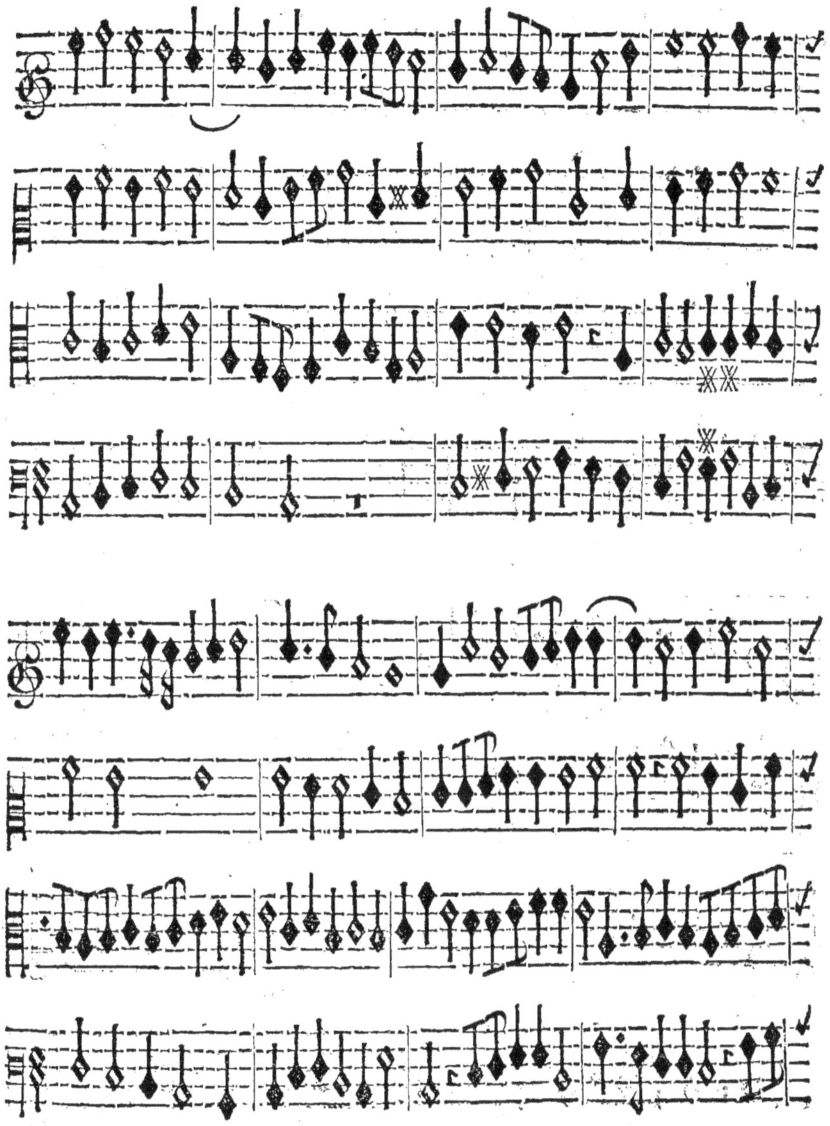

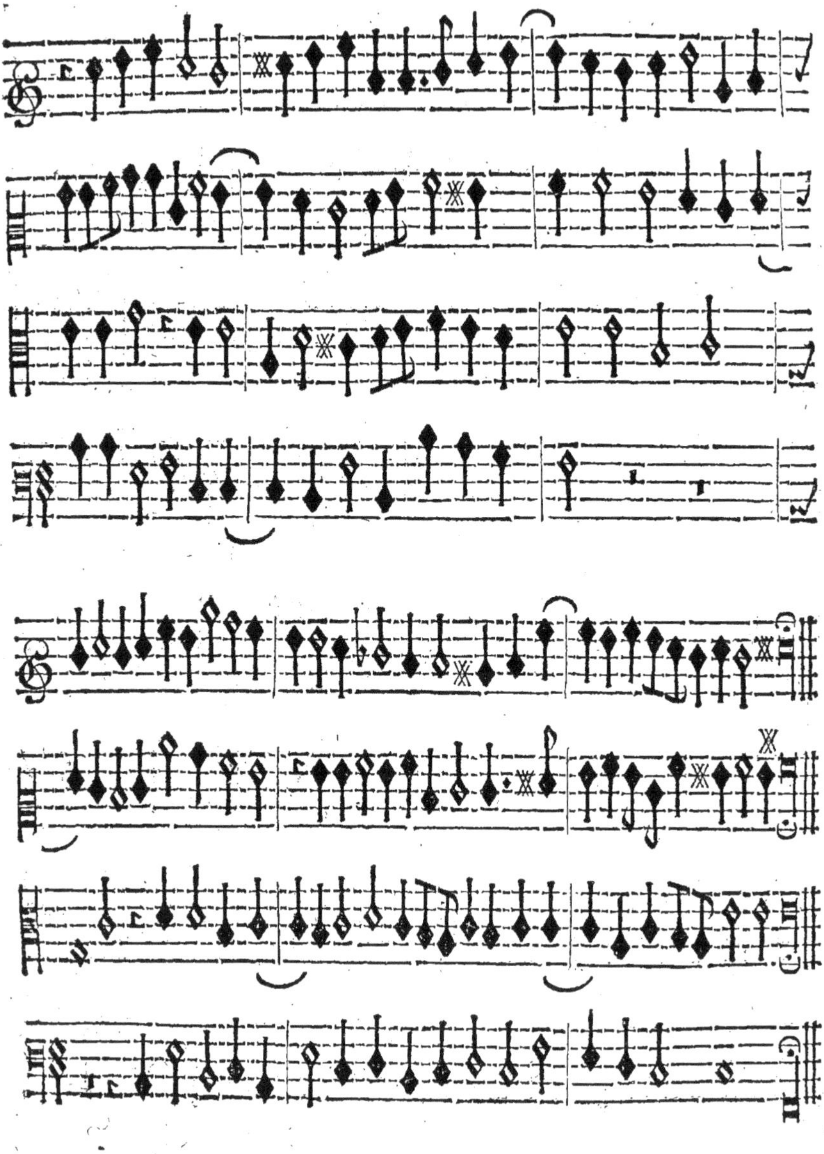

Exemple de la Fugue simple.

A QVATRE.   DESSVS.

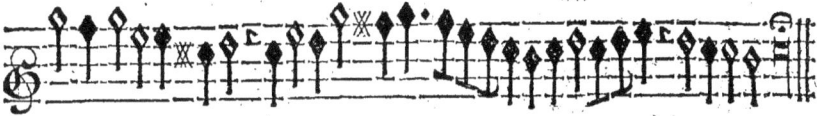

HAVTECONTRE.

TAILLE.

BASSE.

O ij

TRAITÉ

Exemple de la double Fugue.

A QVATRE. DESSVS.

TAILLE.

Exemple de la double Fugue.

HAVTE-CONTRE.

BASSE.

TRAITÉ

Exemple de la Contrefugue, ou renuersée.

A QVATRE.   DESSVS.

TAILLE.

Exemple de la Contrefugue, ou renuersée.

HAVTE-CONTRE.

BASSE.

Cecy n'eſt qu'vn eſchantillon duquel vous jugerez le reſte de la piece, & ce qui ſe peut faire *ad placitum*. Tout bien conſideré, je trouue
que cette diuiſion de Fugues eſt bonne & juſte, & qu'il n'y en peut
auoir plus ny moins.

QVATRIESME PARTIE

DES EFFETS DE LA MVSIQVE.

CHAPITRE I.

Des huict Modes, ou Tons de l'Eglise.

DIEV est l'Autheur de toutes choses, & par conse-quent des arts liberaux, & en special de cestui-cy. Il a operé toutes choses pour soy-mesme; & quand il a donné la cognoissance de la Musique aux hom-mes, ç'a esté à celle fin qu'ils l'en louënt lors qu'ils y prendront leur recreation, leur donnant à cet effet des effets merueilleux pour le contentement du corps & de l'esprit. Ces effets consistent en la voix humaine, aux chants de diuers Modes, aux Instruments à souffle ou à vent, comme sont les Orgues, & sem-blables: bref aux Instruments à chordes, desquels on jouë à la main, comme sont le Luth, la Harpe, la Viole, &c. Voyez ceux qui ont trai-té pertinemment de diuers genres d'Instruments comme le Pere Mer-senne. Ces Instruments se diuisent tous en trois selon Sainct Augu-stin, en Instruments de voix, de souffle, & de touche. On dit qu'Or-phée auec sa Lyre attiroit les rochers, faisoit sauter les arbres & les montaignes, les transportant d'vn lieu à vn autre, &c. c'est vne fa-ble, mais c'est la verité que la Musique opere des effets beaucoup plus admirables que ceux-là, changeant & rauissant les cœurs, les volon-tez & affections. Pour bien cognoistre ses effets, il faut auoir l'intelli-gence des huict Tons de l'Eglise, & des douze Modes des anciens.

De ordine cap. 14.

Ie ne puis que je ne loüe grandement le chant Ecclesiastique, ap-pellé vulgairement le Gregorien, comme estant party d'vn si grand homme que sainct Gregoire, lequel nous a donné moyen de loüer Dieu par ordre, & par reigles bien obseruées au chant plein tant doux & deuot, que plus on le chante plus agreable il est. Que voudriez vous de plus agreable que l'Office des jours solennels, comme les *Venite exultemus Domino*, *Te Deum laudamus*, les Introïtes de la Messe, *Salue sancta parens*, *Gaudeamus*, &c. les *Kyrie*, *les Sequences*, specialement

ces

ces deux ou trois, *Lauda Sion, Victimæ Paschali laudes, & Dies iræ?* Et
quoy plus diuin que les hymnes *Conditor alme syderum, Vt queant laxis,*
duquel le premier verset contient vt re mi fa sol la, *Veni creator, Ve-*
xilla regis, &c? Iamais on ne se saoule de les chanter. Ie ne m'estonne
pas si sainct Augustin estoit rauy de ces beaux chants, comme il confesse luy-mesme. Escoutez comme il en parle, *Quantum fleui in hym-* Lib. 9. Con-
nis, & canticis tuis suaue sonantis Ecclesiæ tuæ vocibus commotus acriter, fess. cap. 6.
voces illa influebant auribus meis, &c.

Ie disois que quelques reigles estoyent obseruées fort à propos, sur
lesquelles tout le Plein-chant est fondé & appuié. Ces reigles sont les
huict Tons, chacun desquels suit immediatement apres les Antiennes:
par où l'on peut voir promptement de quel Ton est chaque chant, &
est compris sous ces six voyelles E, u, o, u, a, e, qui signifient *sæculorum*
amen.

Les huict Tons sont compris & declarez chacun par deux notes
fondamentales, representant l'vne la fin de l'Antienne, & l'autre le
commencement du Psalme. Les voicy de suite.

> *Primus cum Sexto fa sol la semper habeto.*
> *Tertius, octauus, vt re fa, sicque secundus.*
> *La sol la quartus, fa re fa, sit tibi quintus.*
> *Septimus fa mi fa, sic omnes esse recordor.*

Le premier re la, le second re fa, le troisiesme mi fa, le quatriesme mi la, le cinquiesme fa fa, le sixiesme fa la, le septiesme vt sol,
le huictiesme vt fa.

Quoy que les huict Tons de l'Eglise ayent esté bien inuentez, & n'y
ait rien à redire, veu qu'ils comprennent les douze Modes, sinon en
effet, du moins virtuellement, toutefois ils ne sont si parfaits que les
douze Modes des anciens, lesquels consistent en six notes essentielles,
comme nous dirons par apres. Les Tons du Plein-chant suiuent tous
assez bien les reigles de Musique, hors mis le septiesme, lequel on a fait
finir en re, c'est à dire à la seconde de la finale de l'Antienne, qui n'est
gueres à propos. Il n'y a que celuy cy qui degenere, tous les autres
sont assez bons & passables : car le re contient le premier & le second,
le mi & le la le troisiesme & le quatriesme, fa & vt le cinquiesme &
le sixiesme, sol le septiesme & le huictiesme.

Notez en general que les authentiques, c'est à dire le premier, troisiesme, cinquiesme & septiesme, montent vne Quarte plus haut que

les Plagaux, qui font le deuxiefme, quatriefme, fixiefme, huictiefme,
& les Plagaux defcendent vne Quarte plus bas que les Authentiques.
Mais pour dire quelque chofe de plus affeuré & folide, il nous faut dé-
duire amplement les douze Modes.

CHAPITRE II.

Des douze Modes anciens

MOde n'eft autre chofe que l'ordre, la mefure, ou la forme que
nous tenons à faire quelque chofe, laquelle nous aftraint puis
apres à ne point paffer outre. Vous pouuez aifément appliquer cette
definition aux douze Modes, appellez des Grecs Loix & formes.
Voyez diuerfes opinions touchant les Modes.

Boëce liu. 4. chap 16. dit, qu'il n'y a que fept Modes, pource qu'il n'y
a que fept Diapafons : & au liure quatriefme chap 14. il adjoufte ces
paroles, *Ex Diapafon igitur fpeciebus exiftunt, qui appellantur Modi.*

Ptolomée dit qu'il y a huict Modes, pource qu'il y a huict efpeces de
Diapafons : & Glarean prouue qu'il y a douze Modes, pource qu'il y
a douze efpeces de Diapafon, *lib. 2. Dodecad. & lib 2. cap. 1.* il adjoufte
cecy : *Modi igitur Mufici non aliter diftinguntur, nifi ex ipfis fpeciebus Diapafon, ex quibus conftituuntur.*

Diapafon fe prend en trois façons : premierement, pour la Confonance de l'Octaue, comparant enfemble fes deux fons extrémes. Secondement pour la diuifion Harmonique de la Quinte, & pour l'A-
rithmetique de la Quarte. Tiercemét, pour toutes les interualles qui fe
retrouuent entre les deux fons extrémes de l'Octaue : & c'eft en cette
troifiefme fignification que je prens le Diapafon, lequel eftant compofé de fept interualles, de Tons & Semitons, felon que ces Tons &
Semitons font difpofez diuerfement en chaque Diapafon, de là naif-
fent diuers Modes : or ils font difpofez feulement fept fois diuerfemét,
doncques il y a fept Diapafons, & non plus : & par confequent quatorze Modes, chaque Diapafon en contenant deux : pour ce qui eft du
feptiefme Diapafon rejetté, nous en parlerons apres.

Ie fçay que quelques Muficiens de ce temps fouftiennent opinia-
ftrément qu'il n'y a que fix Modes Authentiques, felon le nombre
des fix Diapafons, & que les fix Plagaux qu'on y adjoufte pour faire les

douze, ne font point differents des autres primitifs : mais me femble,
que Claudin, du Caurroy, Glarean, & plufieurs autres, ont raifon d'en
conftituer douze, puis qu'il y a de la difference entre les Authentiques
& les Plagaux, finon effentielle, du moins accidentelle : car il y a
changement de clef aux Plagaux, ils defcendent plus bas de quatre
chordes, & montent par Quartes, fe perdans ainfi dans les Authentiques : bref les Mediations font differentes.

Tellement que les Tons, ou Modes Muficaux, que les Grecs ap- *1.3.Reipub,*
pellent Harmonies, au rapport de Platon, ne font point differents entr'eux, que comme les fept efpeces de Diapafon font differentes entr'elles, dont les douze Modes font compofez. Or il eft certain que
ces Modes, efpeces, ou differences de Diapafon, ne prouiennent
d'ailleurs finon de la diuerfe fituation du Semiton majeur mi fa.
Ces fept Diapafons, ou pour mieux dire ces fix efpeces, (car il y en a
vne qui eft rejettée) font differentes entr'elles effentiellement, dautant
qu'elles prennent leur fondement & origine des fix notes fondamentales, chacune d'icelles contenant deux Modes, dont l'vn eft appellé
Authentique, & l'autre Plagal, lefquels ne different entr'eux qu'accidentellement, à raifon qu'ils ont feulement le Semiton diuerfement
fitué : ce qui fera clair & manifefte, fi nous déduifons par ordre l'eften-
duë des efpeces de Diapafon, Diapente, Diateffaron, &c. de la cognoiffance defquels tout cét affaire dépend.

La feptiefme majeure a deux efpeces, & eft compofée de trois Tons
majeurs, deux mineurs, & d'vn Semiton majeur.

La feptiefme mineure a cinq efpeces, & eft compofée de deux Tons
majeurs, deux mineurs, & deux Semitons majeurs.

La fixiefme majeure a trois efpeces, & eft compofée de deux Tons
majeurs, deux mineurs, & vn Semiton majeur.

La fixiefme mineure a trois efpeces, & eft compofée de deux Tons
majeurs, vn mineur, & deux Semitons majeurs.

La troifiefme majeure eft compofée d'vn Ton majeur & d'vn Ton
mineur, & a deux efpeces.

La troifiefme mineure d'vn Ton majeur, & d'vn Semiton majeur,
& a deux efpeces.

Au Diateffaron il y a quatre chordes, trois interualles, & le Semiton peut eftre trois fois diuerfifié auec deux Tons, c'eft à dire, qu'il y a
trois efpeces de Diateffaron. Le Diapente contient cinq chordes,

quatre interualles, & le Semiton est quatre fois mis diuersement auec trois Tons, qui sont quatre especes de Diapente.

Bref le Diapason comprend en soy huict chordes, ou voix, sept interualles, & deux Semitons majeurs, sept fois diuersement situez auec cinq Tons; c'est à dire qu'il y a sept especes de Diapason, & douze Modes differents, partie essentiellement, partie accidentellement, comme il a esté dit, si grande est la force du Semiton majeur. De ce que dessus je conclus que le dire de S. Seuerin est tres-veritable, qu'en chaque Consonance, ou interualle, il y a tousiours vn espece moins qu'il n'y a de voix: car au Diatessaron, par exemple, il y a quatre voix, bien qu'il n'y ait que trois especes, & ainsi des autres, comme l'on peut voir icy.

D.Seuer.l.4. cap.13.de Interual.

EXEMPLE.

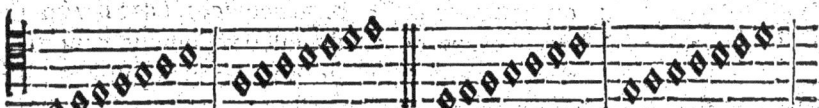

Deux especes de la Septiesme majeure.　　Cinq especes de la mineure,

Trois especes de la Sixiesme majeure.　　　　Trois de la mineure.

Deux especes de la 3 maje. Deux de la mineure.

Trois especes de la Quarte.　　　Quatre especes de la Quinte.

Sept especes de l'Octaue.

L'Octaue rejettée.

Les douze Modes des Anciens sont ceux-cy.

Le premier Authentique & plus graue c'est le Dorique, propre pour le chant pieux, il est seuere, belliqueux, meslé de grauité, & d'allegresse. Tel pourroit estre le Motet composé sur ces paroles, *Omnes gentes, plaudite manibus*, ainsi appellé Dorique, des Dores peuples d'Orient.

Il commence en D sol re, l'Antiquité le reçoit seulement en choses graues & d'importance, à raison quelle aymoit vniquement la grauité, constance, & seuerité. Platon admiroit la Musique Dorique de l'antiquité, masle & propre aux bonnes mœurs : c'est pourquoy il la receut à raison qu'elle produit la force & temperance, contribuant je ne sçay quoy à la defense de la Republique, selon l'opinion mesmes d'Aristoxene.

Le troisiesme Mode Authentique est appellé Phrygien du peuple de Phrygie, propre pour émouuoir à cholere ; car il enflamme, est plein d'indignation, & se commence en E la mi. Tel seroit le chant fait sur ces paroles, *Quare fremuerunt gentes*. Glarean estime qu'il conuient *Lib. 2. de Do-* fort bien au chant triste, comme aux lamentations, pleurs, & enter- *decachord.* rements.

Le cinquiesme Authentique c'est le Lydien, propre pour les chants funebres, & lamentables. Pline dit qu'il est haut, & pleureux. Il commence en F fa vt.

Quelques vns ont estimé qu'il estoit aussi joyeux, & propre pour les dances, ce que je n'approuue aucunement, veu qu'il y auroit de la contrarieté: cela ne peut estre, si ce n'est à raison qu'il a esté changé abusiuement en Ionique transposé. Tel seroit le chant sur le *Miserere mei Deus*, ou *De profundis*. Sapho Lesbyenne a esté la premiere inuentrice de ce Mode reprouué par Platon, pource qu'il est trop aigu, & moins graue.

Le septiesme Authentique c'est le Myxolydien, ou Mysolydien, à *Mysis & Lydiis*, propre pour esmouuoir & appaiser; ainsi appellé dautant que c'estoit anciennement vne harmonie meslée, comme rapporte Aristote, de Mysienne, & Lydienne, c'est G re sol vt.

Polit. 8.

Quelques vns l'attribuent à Lamproclus: quelques autres à Terpandre. Pline en l'Vniuersité des chants & harmonies tesmoigne, que les trois premiers sont les principaux, pource que Saturne se meut par la Dorique, comme fort harmonieuse: d'où vient que nos Musiciens ont mis la Dorique la premiere. Iupiter par l'harmonie Phrygienne, & Mercure par la Lydienne, &c. Les plus doctes ont nommé ces quatre premiers Modes, comme les principaux, Encyclopedie, pource qu'ils asseurent tous que la Musique embrasse toutes les sciences. Ce que Platon prouue fort bien disant, *Musicã sine vniuersa disciplina tractari non posse.* Voila les quatre premiers Authentiques, à sçauoir le premier, troisiesme, cinquiesme & septiesme: ausquels si vous adjoustez les Plagaux, commençans trois interualles plus bas, à sçauoir Sousdorien, Sousphrygien, Souslydien, & Sousmixolydien, (le dernier desquels a esté adjousté par Ptolomée) vous aurez les huict Tons de l'Eglise: mais pour rendre la chose de tous points parfaite, on en a trouué du depuis quatre autres, à sçauoir le neufiesme, dixiesme, vnziesme, & douziesme. Doncques le neufiesme Mode c'est l'Æolien, commençant en A mi la re propre aux vers Lyriques, & conforme aux paroles douces & graues.

3. lib. de leg.

Le dixiesme commence auec le Phrygien, que nous appellons Sousæolien, ayant les mesmes effets que son primitif & maistre le Æolien, & commençant au dessous d'iceluy vn Diatessaron plus bas.

Le vnziesme c'est le Ionien ou Ionique, selon l'opinion de Porphyrion, appellé aussi Iastien par Aristoxene, il est jouial, & propre pour les recreations & dances, & se commence en C sol vt fa.

Le douziesme Plagal, & comme seruiteur du precedent, est nommé Hypoionien, ou Hypoiastien, commençant en G re sol vt, pratiqué anciennement aux resueils amoureux, & partant defendu par Platon, de peur qu'il ne rallumast le feu qu'on taschoit d'esteindre : mais dautant que plusieurs Autheurs parlent diuersement de ces Modes, j'en mettray icy le synopse vn peu plus clairement, afin qu'on les voye en vn clin d'œil par ordre, auec leur dénombrement.

CHAPITRE III.

L'ordre & dénombrement des douze Modes des modernes.

IE sçay bien qu'ordinairement, & selon les anciens on commence le premier Mode par re, suiuant le Plein-chant, & les Tons de l'Eglise : mais pour parler auec plus de raison, j'estime auec plusieurs modernes, comme sont, Zarlin, Claudin, du Caurroy, & autres, qu'il est plus à propos de commencer par vt, c'est la premiere clef, ou note des six fondamentales de l'art : doncques puis que toute la chantrerie est fondée sur vt re mi fa sol la, il faut aussi que nos douze Modes s'appuient sur les mesmes, chaque note contenant deux Modes, comme finale d'iceux : Vt comprenant le premier & le second, re le troisiesme & le quatriesme, mi le cinquiesme & le sixiesme, fa le septiesme & le huictiesme, sol le neufiesme & le dixiesme, la le vnziesme & le douziesme : ce que ne trouuerez estrange, si vous considérez que certains Autheurs laissent la chose libre & indifferente, asseurans que l'on peut commencer indifferemment le premier par la note qu'on voudra, ce que je ne trouue gueres conforme à la raison. Voicy la liste clairement selon l'opinion de plusieurs Autheurs, entre autres Charles Guillet en ses Phantaisies.

Le premier Mode Dorique, belliqueux, pieux, & propre à l'entretien de prudence, c'est l'vt de C fa vt. Voyez les autres qualitez de ce mode, & des suiuans sus mentionnez.

Le second Sousdorique, graue, & fort propre pour les chansons spirituelles & religieuses, c'est G vt, vn Diatessaron plus bas que le precedent.

Le troisiesme c'est le Phrygien, propre pour exciter à cholere, c'est le re de D sol re. & bien que nous ne sçachions pas asseurément quels estoyent les Dorique, Phrygien, & les autres chez l'Antiquité : toutesfois il est vray semblable qu'elle a tenu l'ordre que nous tenons.

Le quatriesme Sousphrygien, propre aux lamentations, & pour appaiser les passions de cholere, & autres, c'est le re d'A re, trois interualles plus bas que le Phrygien.

Le cinquiesme le Lydien, propre aux complaintes, lasche & effeminé, c'est le mi d'E mi la.

Le sixiesme le Souslydien, defendu aux jeunes gens du temps de Platon, pource qu'il est trop mol à son opinion, excitant à volupté, c'est le mi de ♮ mi.

Le septiesme le Myxolydien, defendu aussi par Platon, pource qu'il est trop effeminé & affoiblissant, c'est le fa d'F vt fa.

Le huictiesme Sousmyxolydien, plaisant, delicat, & propre à flatter, & delecter l'oreille, c'est l'vt de C fa vt, deux Tons & demy plus bas que l'autre.

Le neufiesme le Æolien, propre pour les vers Lyriques, donnant aux paroles & aux voix de la douceur & grauité, c'est le sol de G re sol vt.

Le dixiesme Sousæolien, qui a les mesmes effets que le precedent, c'est le re de D sol re, commençant vn Diatessaron plus bas que son naturel Authentique.

L'vnziesme c'est le Ionien, ou Iastien, propre pour les recreations & ballets, c'est le la d'A mi la re.

Le douziesme & le dernier le Sousionien, ou Sousjastien, seruant à donner les aubades, & produire les mesmes effets que son Authentique, commençant au mi d'E mi la, qui est vn Diatessaron plus bas que l'autre, & finissant de mesme que le naturel.

Voila les douze Modes, leurs qualitez & proprietez par ordre, compris dans six Diapasons : Mais qu'est deuenu nostre septiesme Diapason ? comment s'est-il eschappé ? Nous auons dit par cy deuant qu'il y auoit sept Diapasons, & que chacun d'iceux contenoit deux Modes : doncques en tout il y en doit auoir quatorze de bon compte, & ce pendant nous n'en auons establi que douze, compris dans les six notes essentielles de la Musique.

Il est vray qu'il y a sept Diapasons differents non plus ny moins : mais que le septiesme est faux, & partant rejetté auec les deux Modes qu'il contient, à raison du Semidiapente & du Triton qui s'y trouuent, soit qu'on les diuise Harmoniquement, ou Arithmetiquement : &

partant

partant reſtét pour ſix Diapaſons & douze Modes, le treziefme & quatorziefme eſtans faux & rejettez comme baſtards & illegitimes, c'eſt le mi de ♭ fa ♮ mi, & le fa de F vt fa. Remarquez icy en paſſant que tous ces Modes ſont diuiſez en Authentiques & Plagaux, & les vns & les autres en naturels, & tranſpoſez au Diapente, ou au Diateſſaron, en haut ou en bas, comme vous verrez en pratique cy apres. Les Authentiques, ou maiſtres, montent toujours en leur Diapaſon Harmoniquement diuiſé, par vn Diapente, & finiſſent par vn Diateſſaron, tels ſont les Dorique, Phrygien, Lydien, &c.

Les Plagaux, ou ſeruiteurs, commencent ordinairement vn Diateſſaron plus bas que leurs Authentiques & Maiſtres, & montent auſſi par vn Diateſſaron, leur Diapaſon eſtant diuiſé Arithmetiquement, & finiſſent par vn Diapente: tels ſont les Souſdorique, Souſphrygien, Souſlydien, &c. Il faut montrer tout cecy en pratique diſtinctement ſelon noſtre couſtume.

Vous noterez auſſi, qu'encores que j'aye dit cy deſſus auec pluſieurs autres que le premier Mode, qui commence par vt, c'eſt le Dorique: toutefois il eſt vray ſemblable que c'eſt l'Ionique, ou Iaſtien, & que ré c'eſt le Dorique, &c. La raiſon & la probabilité que j'ay eu de mettre la Dorique en l'vt de C fa vt, & ainſi des autres, a eſté que nous ne ſçauons point aſſeurément quelle eſtoit la Dorique & Ionique des Anciens, &c. & partant je laiſſe la choſe libre & indifferente. Quelques Autheurs diuiſent les Modes autrement Arithmetiquement, faiſant perdre confuſément les Plagaux dans l'eſtenduë des Authentiques, mais alors ils ſont d'vn autre Mode plus eſloigné; car le premier en vt contient le huictieſme, le troiſieſme Mode Harmonique enferme le dixieſme Arithmetique, le cinquieſme contient le douzieſme, & ainſi des autres: & dautant que le tout reuient à vn, je me contenteray ſeulement de la diuiſion des Authentiques & Plagaux.

Q

Authentiques naturels.　　　*Authentiques transposez.*

I. DORIEN.

III. PHRYGIEN.

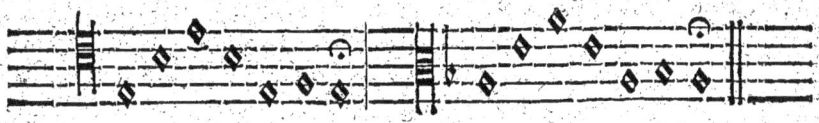

V. LYDIEN.

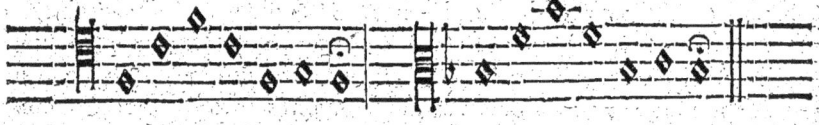

VII. MYSOLYDIEN.

IX. ÆOLIEN.

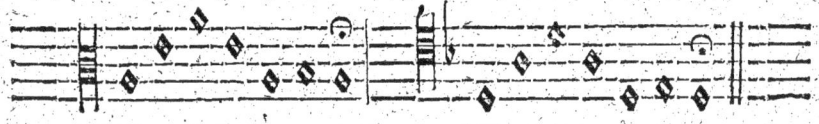

XI. IONIEN.

XIII. HYPERIONIEN.
Rejetté.

Plagaux naturels.   *Plagaux transposez.*

II. SOVSDORIEN.

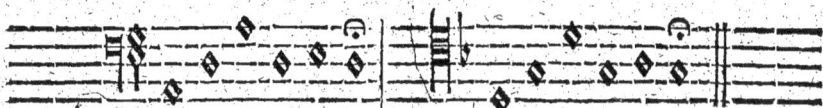

IIII. SOVSPHRYGIEN.

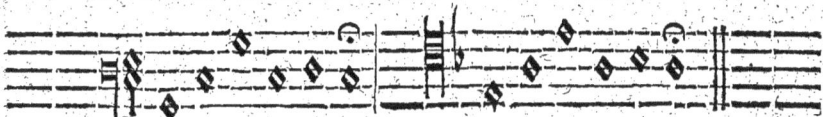

VI. SOVSLYDIEN.

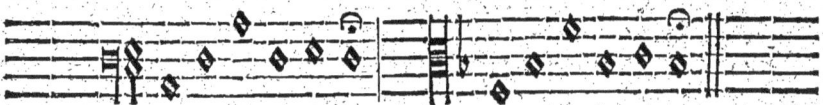

VIII. SOVSMYSOLYDIEN.

X. SOVSÆOLIEN.

XII. SOVSIONIEN.

XIIII. SOVSHYPERIONIEN.
Rejetté.

Q ij

TRAITÉ

CHAPITRE IV.

Des effets admirables des Modes.

I'Aurois icy fujet de me plaindre juftement & raifonnablement fi on vouloit efcouter ma plainte, du peu d'effet qu'a la Mufique de noftre temps; ou pour mieux dire des mauuais effets qu'elle produit le plus fouuent, & du peu de bons. Nous fçauons qu'anciennement elle en produifoit de fi merueilleux, comme nous lifons de Clitemneftre, laquelle eftant laiffée par Agamemnon qui alloit au fiege de Troye, fut conferuée pudique & immaculée par le chant Dorique d'vn Muficien, laiffé aupres d'elle à cette fin, contre les importunitez lafciues d'Egifte : mais ayant perdu fa douce & fidelle garde, elle perdit auffi toft le joyau de fa pudicité.

Si noftre Dorique eft le premier Mode que nous auons dit, d'où vient qu'elle n'engendre les mefmes affections que celle de l'Antiquité, rendant les ames chaftes & pieufes? N'eft-ce point parauenture qu'on n'obferue pas la mefme façon que les Dores, & qu'on n'y apporte pas la diligence requife & neceffaire? Poffible que la Mufique Dorique & Phrygienne ancienne, n'eft pas la noftre moderne, ny par confequent les autres Modes : car le Phrygien eut tant de force anciennement qu'il tranfporta vn jeune Taurominitain à vne fi extreme cholere, qu'il vouloit forcer par feu & par armes vne maifon voifine, pouffé de la jaloufie & affection qu'il portoit à fa maiftreffe, & puis, par le confeil de Pythagore, vn Chantre le remit en fon bon fens, luy efteignant fa furieufe violence par le benefice de l'harmonie Sousphrygienne. Vn certain Timothée fit l'efpreuue de ces deux efpeces de chant efmouuant par le Phrygien Alexandre qui eftoit à table, jufques à courir furieufement aux armes, & foudain par le Sousphrygien le rendant calme & tranquille d'efprit. Auez vous jamais veu que noftre troifiefme & quatriefme Mode ayent operé femblables chofes?

La Mufique Lydienne eftoit fort puiffante, tefmoin Ariftote, lequel la voyant fort conforme aux fciences, & à la doctrine, la permit à la jeuneffe ainfi que les autres Modes, vn chacun d'iceux eftant doüé d'vne fecrette vertu, & partant employez par Theophrafte, Thales &

Xenocrates, à la guerison des troubles d'esprit, & maladies côrporelles: de sorte que la Musique est souueraine pour consoler vn dueil, appaiser la cholere, refrener l'audace, temperer les desirs excessifs, guerir les douleurs, soulager l'ennuy des miseres, conforter la langueur, & adoucir toute sorte de peines: tesmoin m'en sera la Flute d'Ismenias, qui operoit ces effets: à quoy j'adjousteray ce que fit le Roy Dauid auec sa Harpe, deliurant Saül du malin esprit. Pourquoy est-ce donc que les Modes & la Musique de ce temps, s'ils sont les mesmes que jadis (comme il est vray semblable) n'auront pas la mesme force & vertu que ceux-là?

Les raisons de cecy peuuent estre, premierement, pource que, peut estre, nostre premier Mode n'est pas leur Dorien, comme l'on estime, graue, pieux, & belliqueux; & les autres par consequent estans dissemblables, ne peuuent produire semblables effets. Secondement, que s'ils sont les mesmes, la façon toutefois de composer & chanter est differente. Tiercement, que les Maistres ne trauaillent pas diligemment, ou ne veulent prendre la peine, & se donner le loisir de bailler à chaque Mode ce qui luy est propre pour tel ou tel effet, & par ainsi faut attribuer ce defaut à la negligence, ou à l'ignorance, ou à tous deux ensemble. Quatriesmement, que quand bien ce seroit les mesmes Modes, mesme façon de composition, & qu'on ne manquast de science & diligence (car il y a plusieurs doctes & bons Maistres) toutefois peut estre que les esprits sont autrement disposez & affectionnez qu'ils n'estoyent au temps passé, & que l'oreille est plus delicate, & par consequent plus mal aisée à contenter.

De dire que n'ayons d'aussi élaborée & bonne Musique que l'Antiquité, d'aussi bonnes voix, & qui chantent pour le moins auec autant de grace, je n'en doute nullement. Il est bien vray que quand je lisois les Autheurs sur ce sujet, ils sembloient m'asseurer que la Musique des Anciens se chantoit ordinairement auec les Instruments: ceux de Delphe se seruoyent de Luths, de Violes, & autres Instruments à la main, fort semblables à ceux dont on a l'vsage en France. Tritonidas & Martias Lydiens se plaisoyent grandement aux Flutes, comme aussi les Lacedemoniens. Les Amazones ne combattoyent point autrement en guerre qu'au son des chalumeaux, à l'vne desquelles Alexandre ayant donné vn maistre joüeur de Flutes, l'en remercia, & s'en alla contente.

Q iij

On fçait la force qu'a la Trompette en guerre, non feulement fur les hommes, ains auffi fur les animaux. On dit que Martianus Capella reftituoit la fanté aux phrenetiques par la douceur & melodie des fons bien proportionnez. Afclepiades Medecin appaifa & affoupit par chants frequents, les feditions des villes. Damon domptoit les jeunes gens yures & infolents, auec la fuauité & grauité de fes Motets : car commandant aux joüeurs de Flutes d'entonner le chant Spondaïque, ils appaifoyent les troubles, & diffipoyent les fumées du vin.

On dit bien dauantage, que les anciens guerifloyent les fieures, bleffures, & autres maladies, auec leurs melodieufes chanfons : car le fufdit Afclepiades auec la Trompette, rendoit l'oüie aux fourds, chofe à la verité fort eftrange & inoüie. Theophrafte remedioit aux mouuements d'efprit déreglez, par le moyen de la Flute. Qui ne fçait que la Goutte fciatique fe gueriffoit par ce mefme remede. Xenocrates deliuroit les Lunatiques auec la Mufique des Orgues. Thales de Crete chaffoit les maladies, voire mefme la pefte auec l'induftrie & la douce harmonie de fes Inftruments, comme Harpe, Luth, &c. & qui ne fçait qu'on prend les Cerfs à la chaffe auec la Flute ? les poiffons dans les eftangs d'Alexandrie, en excitant vn grand bruit & tintamarre, auec la voix & l'inftrument. Le jeu de Harpe attire les Cygnes Septentrionaux. Les Orgues arreftent les Elephans des Indes. On a experimenté que les Oifeaux fe pipent & fe prennent auec la Flute. Les petits enfans dans le berceau s'appaifent au bruit des Inftruments, & les Dauphins s'appriuoifent aisément en cette mefme façon ; tefmoin la Lyre d'Arion. Bref vous fçauez ce que faifoit le Chantre Thracien Orphée, mariant fon Inftrument à la voix, les merueilles duquel je mettray icy à la loüange de la Mufique.

Qvand ce fameux Harpeur qu'engendra Calliope,
   Enfeignoit fes beaux airs aux Nymphes de Rhodope,
Et joignant les accords de fon Luth à fa voix
Rauiffoit les rochers, les fleuues & les bois :
Les fapins fourcilleux, & les chefnes fuperbes,
S'arrachans de leurs feps danfoyent deffus les herbes,
Ores d'vn pas leger, ores plus lentement,
Selon que fon archet pouffoit fon mouuement.
   Les tertres & les monts qui couronnent la Thrace

Pour estre du Balet abandonnent la place.

L'Hebre quittant son lict de jonc & de roseaux,
Au bruit de ces concerts se montroit sur les eaux.
Les Tygres dépoüillez de leur humeur sauuage,
Ne songeoyent plus au sang, ny les Ours au carnage.
Les Lyons & les Cerfs se couchoyent à ses pieds,
Où son Luth les tenoit estroittement liez.

Tous les vents se taisoyent pour entendre ses charmes,
Les vagues apres luy disoyent tout bas ses carmes,
La Mer craignoit de bruire, & ses Poissons muets
Taschoyent de retenir à par eux ses Motets.
Les habitans de l'air, qui deuant ces merueilles
N'auoyent pas plus de voix, que les cailloux d'oreilles,
S'estans alors laissez par bon-heur enchanter,
Apprirent en l'oyant à se faire escouter,
Et les Cieux qui faisoyent des branles d'auenture,
Danserent du depuis par art & par mesure:
Tant vn Concert bien fait est efficacieux
Pour esmouuoir la Terre, & la Mer, & les Cieux.

CHAPITRE V.

De la Mediation, Terminaison, ou Cadences des Modes.

AYant veu la nature, le nombre, & les effets des Modes, reste que nous donnions les marques par lesquelles on puisse discerner les vns des autres.

Ces marques sont les Mediations, Terminaisons, ou Cadences, lesquelles déterminent & nous font cognoistre de quel Mode est telle ou telle modulation à la fin, au milieu, & encore au commencement de la piece, ou Motet : à cela seruent aussi les clefs, les voix, & les chordes qui viennent le plus souuent en vsage. Il y a ordinairement en chaque Mode trois notes ou chordes, lesquelles sont plus vsitées, & sur lesquelles les parties tombent le plus souuent, appellées pour cette raison Cadences, pource que les parties du chant se rencontrent frequemment sur telles notes, comme les meilleures, plus douces, naturelles, & essentielles.

Ces Cadences sont au nombre de trois sans plus en chaque Mode, quoy qu'on en puisse faire dauantage par emprunt. La premiere & plus parfaite c'est la finale, ainsi appellée pource qu'à la fin de la piece on s'en sert plustost que des autres, comme estant celle qui doit terminer & clorre tout l'ouurage, luy donnant sa derniere perfection. C'est aussi celle là qui nous donne à cognoistre plus clairement de quel Ton ou Mode est tel ou tel chant: car comme tesmoignent les Philosophes, chaque chose prend sa denomination de la fin: de mesme aussi chaque Mode se nomme & se cognoist par sa note finale.

La deuxiesme Cadence est appellée mediante, ou mediane, pource qu'on ne se sert point d'icelle à la fin comme de Cadence, ains seulement au milieu, & par fois au commencement, bien que le Plein-chant n'obserue pas toujours cette reigle, veu qu'en certains Tons en l'Intonation des Pseaumes, les Mediations se trouuent à la fin, specialement au premier, troisiesme & huictiesme.

Quelques vns confondent les especes, disans que toutes notes ou voix, qui font accord contre la finale peuuent estre dites mediantes: où il faut noter que mediante se prend en deux façons: premieremét, en esgard au milieu de la piece Musicale, où toutes les Consonances qui se peuuent rencontrer auec la note fondamentale du Mode propre ou empruntée, peuuét estre dites Cadances mediantes, ou mediations. Secondement, si nous comparons les trois notes ou chordes propres de chaque Mode, l'vne auec les deux autres, qui font les deux plus proches accords, à sçauoir le Diton & le Diapente, comme vt mi sol: alors nous dirons qu'vt c'est la finale, mi la mediante, & sol la dominante: car pour ce qui est du Diapason, il n'est pas proprement appellé mediante, si ce n'est, comme j'ay dit, à raison qu'il se rencontre au milieu, ou bien encore à la fin du chant, le comparant à la finale: lequel toutefois j'aimerois mieux nommer finale, veu qu'il tient de la nature d'icelle, c'est pourquoy je mets

La troisiesme espece des Cadences ditte dominante, comme seigneuriant & tenant place sur les autres: car comme la mediante est ainsi nommée, pource qu'elle tient le milieu entre la finale & la dominante: de mesme aussi la dominante a retenu ce nom, à cause qu'elle tient le plus haut entre les deux autres. Semble qu'il est bien raisonnable que chaque Cadence des trois aye son nom particulier pour les distinguer l'vne des autres, veu qu'elles sont totalement differentes entre

tre elles, quoy que parlant en general, la dominante & mediante se puissent dire mediations, pour la raison qu'auons dit cy-deslus. Ce n'est pas à dire pourtant qu'en la piece d'vn Mode on ne puisse vser & emprunter vne ou deux Cadences d'vn autre Mode, si la piece est mediocrement longue, pour luy donner grace : deux ou trois, si elle l'est excessiuement, specialement si telles Cadences empruntées se trouuent à l'Exachorde, ou au Diatessaron de la finale du Mode primitif, c'est à dire, qu'on a choisi au commencement du chant qu'on veut composer : par exemple, si le chant est du Premier de l'Eglise, on y peut mesler les Cadéces du Septiesme, Vnziesme, & autres en passant, pourueu que l'on reuienne aussi tost au premier & propre Mode pretendu: mais donnez vous de garde d'vser de ♭ mol aux Modes où vne des trois chordes ou Cadences se trouueroit à la fausse Quinte, ou à la fausse Quarte de tel ♭ mol, comme au Premier & Secod, au Cinquiesme & Sixiesme, à l'Vnziesme & Douziesme. Voicy doncques l'exemple des trois Cadences en chaque Mode tant Authentique que Plagal, tant naturel, que transposé.

CADENCES DES DOVZE MODES
A QVATRE PARTIES.

Du Premier Mode, ou de l'Vnziesme.

Le transposé.　　Dominante.　　Mediante.　　Finale.

R

Du Second Mode, ou du Douziesme.

Le transposé.   Dominante.   Mediante.   Finale.

Du Troisiesme Mode ou du Premier.

Le transposé.   Dominante.   Mediante.   Finale.

Du Quatriesme Mode ou du Deuxiesme.

Le transposé.   Dominante.   Mediante.   Finale.

Du Cinquiesme Mode ou du Troisiesme.

Le transposé.   Mediante.   Dominante & Finale.

Du Sixiesme Mode ou du Quatriesme.

Le transposé.   Mediante.   Dominante.   Finale.

Du Septiesme Mode ou du Cinquiesme.

Le transposé.   Dominante.   Mediante.   Finale.

Du Huictiesme Mode ou du Sixiesme.

Le transposé. Dominante. Mediante. Finale.

Du Neufiesme Mode ou du Septiesme.

Le transposé. Dominante. Mediante. Finale.

R iij

Du Dixiesme Mode ou du Huictiesme.

Le transposé.　　Dominante.　　Mediante.　　Finale.

De l'Vnziesme Mode ou du Neufiesme.

Le transposé.　　Dominante.　　Mediante.　　Finale.

Du Douziesme Mode ou du Dixiesme.

Le transposé. Dominante.   Mediante.   Finale.

Si vous espluchez le tout de bien pres, vous trouuerez que ce sont icy les vrais Modes, & leurs reigles bien asseurées auec leurs chordes & Cadences bien obseruées : d'où je conclus qu'il n'y en peut auoir plus ny moins de douze. Peut estre aurons nous moyen quelque jour de faire voir au jour vne douzaine de pieces assez recherchées & obseruées suiuant les douze Modes, si Dieu & nos Superieurs le permettent.

CHAPITRE VI.

Conclusion de l'Oeuure, determinant si on chantera
la Musique au Ciel.

FErmons le bouton de la Couronne que nous auons tissuë jusques
icy en faueur de la Musique, assemblons tous les fleurons pour
comprendre en vn mot le comble de ses excellences : mais quoy ! je
suis arresté au premier pas : je n'ay ny mots ny nombres pour exprimer
l'harmonie des accords melodieux qui se chantent dans le Ciel ; Aussi
prends-je vne autre route, cher Lecteur, & ne seray pas si temeraire de
vouloir enseigner ce qui ne se peut apprendre en cette vie, j'aurois peur
d'estre deuoré comme le pauure Neantus, qui merita ce chastiment en
voulant imiter le jeu d'Orphée sur sa Lyre, qu'il auoit sacrilegement
tirée des mains des Prestres qui la gardoyent : ce n'est assez de vous
montrer qu'on chantera la Musique dans le Paradis, sans esplucher
à yeux clos la qualité de ses fredons. Ie dis donc qu'vne partie des attraits que Dieu doit donner aux Bien-heureux, pour les forcer sans
violence à l'amour de leur Paradis, sera la Cōsonance harmonieuse de
quelque bel accord musical. Car, de grace, qui a-il de mauuais en la
Musique, qui la face bannir des Cieux ? si elle nous fait compagnie
dans la guerre, pourquoy la voulez vous priuer du triomphe ? C'est
faire tort aux Fifres, Tambours, & aux Trompettes, de leur defendre
la fanfare apres la victoire. L'Eglise Militante s'en sert pour temperer
vn peu les mescontentemens de cette vie, & pour donner vn auant
goust de la future : l'vne & l'autre de ces intentions luy donnent passe-
port, voire quand elle ne l'auroit pas, qui luy refusera l'entrée quand
elle sera renduë comme vne chose empruntée à son legitime posses-
seur, & retournera, comme vne partie du tout, en son lieu naturel ?
Et de fait, ne pensez pas que la Musique soit en ce monde comme en
son centre, c'est vn erreur, *Non canit Philomela in cauea*, disoit Scope-
lian chez les Clazomenes : & les Iuifs en leur captiuité, *Quomodo can-*
tabimus Canticum Domini in terra aliena ? Le Rossignol enfermé, qui ne
void les champs que par les fenestres d'vne cage, croiroit profaner ses
chansons, s'il chantoit aussi courageusement qu'en sa liberté : & les
                                                                    meilleures

meilleures voix des hommes exilez en terre estrangere, sont les soupirs
& les gemissemens : je veux dire par là qu'estás bannis du Ciel, comme
nous sommes, & prisonniers en terre, nous ne deuons pas attendre vne
Musique parfaite, comme nous l'aurons dans la liberté apres le retour
nostre patrie, mais seulement prendre celle cy comme vn eschantillon
destaché de la piece; ou comme vn petit ruisseau bourbeux esloigné
de la fontaine : c'est assez d'inferer, *Si tanta Deus facit in carcere, quid fa-
ciet in palatio ?* Si Dieu a tant mis d'attraits en la Musique de ce monde, quelle suauité n'aura pas celle du Ciel? Sainct Anselme n'ayát point
de mots pour l'expliquer, se sert d'vne metaphore hyperbolique, disant, que la melodie des Cieux enyurera les Bien-heureux, c'est à dire
les rauira tellement, que comme extasiez hors d'eux mesmes, ils se
laisseront emporter à la douce violence des voix charmantes de ces
Choristes, qui font escorte à l'Aigneau dans l'Apocalypse, chantans
le nouueau cantique, qui ne peut estre entonné que par les cent qua-
rante quatre Pages d'honneur qui font vne perpetuelle compagnie à
sa Majesté. C'est ce que rapporte S. Iean dans l'admirable vision qu'il
eut, qui est confirmée par le Prophete Royal au Pseaume 149. *Exulta-
bunt Sancti in gloria, Letabuntur in cubilibus suis: exaltationes Dei in gut-
ture eorum.* Les Saincts tressailliront de joye contemplans l'object de
leur gloire, puis transportez de sa beauté, pensans au bien qu'ils possedent par vne vtile reflexion, ils se conjoüiront en eux mesmes de leur
bon-heur, d'où sortiront par vn excez d'amour, mile cantiques de
loüange, qui prendront le ton & la melodie dans les diuerses contra-
ctions & dilatations de leur gorge : d'où l'on void apertement que ces
loüanges ne seront pas seulemét intellectuelles sans meslange de son,
ny de voix : aussi ne seroit-il pas raisonnable que l'oreille, qui a beaucoup contribué pour sa part en la conqueste de la gloire, perdist sa re-
compense, pendant que les autres sens auront la leur : & si la Iustice
punit les damnez auec cette rigueur, que chaque sens a son tour-
ment particulier dans le lieu de miseres, je vous laisse à penser si la mesme Iustice, aydée de sa bonté, ne recompensera pas particulierement
auec plus de liberalité chacun des mesmes sens dans le lieu de contentement.

C'est pourquoy je me mocque de ces Clairons Dodoneans, qui dó-
nent des faux Tons à nostre Musique, & troublent nos Concerts en
nous voulant faire croire que le son ne se peut faire sans air ; d'où con-

S

secutiuement ils oftent toute l'harmonie du Paradis : Mais que ceux-là me refpondent, commét les Bien-heureux verront fans air l'Humanité du Fils de Dieu, & les corps de leurs Concitoyens, & qu'ils prennent leurs refponfes pour la difficulté qu'ils me propofent : neantmoins de peur que je ne les efconduife fans fatisfaction , je dis que la puiffance de Dieu n'eft pas fi limitée, que quand tout l'air du monde feroit aneanty, il s'enfuiuift incontinent que Dieu ne pourroit pas faire parler vn homme : non non , il peut fuppléer à ce defaut par mile autres moyens qui font cognus à fa toute fcience : Il fait bien fortir le fon du profond de l'eau, pourquoy non de quelque autre corps ? Il a bien fait parler des hommes fans langues, & des teftes tranchées fans poulmon, pourquoy non des poulmons & des langues fans air .

  Que fi cela ne les paye pas, qu'ils fçachent que Dieu n'auroit pas vne puiffance infinie, fi elle auoit les limites de leur foible imagination, qui fe noye dans tout ce qui paffe fa capacité . Pour moy j'ay de la peine à concevoir cela, mais je me contente de la raifon, & ferme les yeux, voyant l'experience des Sainctes Magdelaines , des Saincts Pauls , des Saincts Anthoines , des Saincts Trafiles , & mile autres , qui ont eu des auant-goufts de la melodie celefte dés cette vie : cela, dis-je, m'eft affez pour me faire fouhaiter que nos Cantiques de Cygnes fe changent en immortels , & que nos oreilles groffieres deuiennent plus delicates, pour entendre cette rauiffante melodie, qui doit raffafier nos efprits dans l'Eternité .

FIN.

E R R A T A.

P Age 28. lig 8. lifez fonorum. p. 38. au lieu de Diefe mineure, ou Chromatique, lifez majeure. p. 42. l. 9. lifez gouuernét. p. 45. au lieu d'inegalité mineure, lifez majeure. p. 51. au lieu de Sextes majeures lif. mineures, & au lieu de trois Sixiefmes mineures, lifez majeures. p. 63. au lieu de la Tierce mineure lifez majeure.

La Musique au Roy.

E suis la Reyne des concerts, L'esprit des Luths, l'a-

me des Airs, Et la belle ouuriere des charmes : Mais iuste & glorieux vain-

queur Ie ne me vante que des armes Dont j'ay peu te gaigner le cœur.

E suis la reyne des côcerts, L'esprit des Luths l'ame des

Airs, Et la belle ouuriere des charmes: Mais iust' & glorieux vaîqueur Ie

nē me vante que des armes Dont j'ay peu te gaigner le cœur.

Mes plaisirs rendus innocens	De tes vertus, & de ma voix,
N'ont plus rien qui gaste les sens,	De mes airs, & de tes explois
Ie suis deuote à ton exemple,	Par tout il se fait des merueilles,
Et par vn excez de bon-heur	Et par vn concert glorieux
Tu m'as remise dans le Temple,	Mes chansons charment les oreilles,
Et rendu mon premier honneur.	Et tes faits rauissent les yeux.

Sur la naiſſance de Monſeigneur le Dauphin.

D E S S V S.

N fin nos vœux ſont exau-   cez, Chan-tez Fran-

çois, chantez victoire :   Voyla vos triſtes jours paſ- ſez, Et ſuiuis

d'vn ſiecle de gloire.   Chantez il n'eſt point d'eſperance Que ne

donne vn Dauphin Que ne donne vn Dauphin en France.

Anges protecteurs de nos loix,
Vniques tuteurs de nos Princes :
Si vous chantaſtes autre fois
Dans la plus ſaincte des Prouinces,
    Chantez il n'eſt point d'eſperance
    Que ne donne vn Dauphin en France.

Il promet l'Empire des Mers,
Aſſeure celuy de la Terre,
Et ſe fera dans l'Vniuers
L'Arbitre de paix, & de guerre.
    Chantez il n'eſt point d'eſperance
    Que ne donne vn Dauphin en France.

Sur la naiſſance de Monſeigneur le Dauphin.

BASSE.

N fin nos vœux ſont exau-　　cez, Chátez François

chantez victoire:　Voyla vos　triſtes jours paſ- ſez, Et ſuiuis

d'vn ſiecle de　gloi-　re.　Chantez il n'eſt point d'eſperance Que ne

donne vn Dauphin Que ne don-　　ne vn Dauphin en France.

Le Dauphin ſur l'eau paroiſſant,
Semble predire la tempeſte,
La paix ſuit le noſtre naiſſant
Comme ſa première conqueſte.
　　Chantez il n'eſt point d'eſperance
　　Que ne donne vn Dauphin en France.

S　iij

Figure de *Ptolomée* nommée *Helicon*, comprenant toute forte de Confonances.

L A façon de faire cette figure eſt de tirer premierement la ligne C B, laquelle vous diuiſerez en deux parties eſgales au point N. Secondement diuiſer, la meſme chorde en trois aux points O & N. Tiercement, il la faut diuiſer en quatre parties, d'ou prouient L.

De ces points il faut tirer & bander ſix chordes equidiſtantes C. D. O. S. N. R. M. Q. L. P. B. A. leſquelles ſeront toutes diuiſées en deux parties depuis l'angle C, juſques au milieu de la ligne B A, hors mis la premiere.

❧ En cét Inſtrument ſe font entendre toutes les Conſonances & Interuaſles, grandes & petites, ſelon le genre Diatonique.

L'Vniſſon de 12 à 12.

Le Semiton majeur de 16 à 15.

Le Ton mineur de 20 à 18.

Le Ton majeur deux fois, de 9 à 8, & de 18 à 16.

Le Semiditon deux fois de 18 à 15, & de 24 à 20.

Le Diton deux fois de 15 à 12, & de 20 à 16.

Le Diateſſarón cinq fois de 8 à 6, 12 à 9, 16 à 12, 24 à 18. & de 20 à 15.

Le Diapente cinq fois 6 à 4, 9 à 6, 12 à 8, 18 à 12, 24 à 16.

L'Exachorde mineur 24 à 15.

L'Exachorde majeur deux fois 15 à 9, 20 à 12.

Le Diapaſon auec le Ton mineur de 20 à 9, auec le Ton majeur deux fois de 9 à 4, & de 18 à 8.

Diapaſon
{
auec le Diton deux fois de 20 à 8, & de 15 à 6.
auec le Diateſſaron deux fois de 16 à 6, & de 24 à 9.
auec le Diapente trois fois de 12 à 4, de 18 à 6, de 24 à 8.
auec l'Exachorde majeur de 20 à 6.

Le Diſdiapaſon deux fois de 16 à 4, de 24 à 6.

Le Diſdiapaſon auec le Ton majeur 18 à 4, auec le Diton de 20 à 4,

La ligne E C coupe toutes les paralleles en toute ſorte de Conſonances qu'on ſçauroit deſirer.

L T 9 & V M 8 Seſquioctaue le Ton majeur.

Q V 16 & P T 15 Seſquidecimequinte le Semiton majeur.

S Z 20 & Q V 16 Seſquiquarte le Diton.

E B 12 T L 9 Seſquitierce le Diateſſaron.

Item E B 12 & V M 8 Sesquiautre le Diapente.
Q V 16 & V M 8 la double ou Diapason.
X N 6 R X 18 triple, le Diapasondiapente.
Z O 4 Z S 20 quadruple, Disdiapason.

L'Helicon de Ptolomée contenant toute sorte de Consonances.

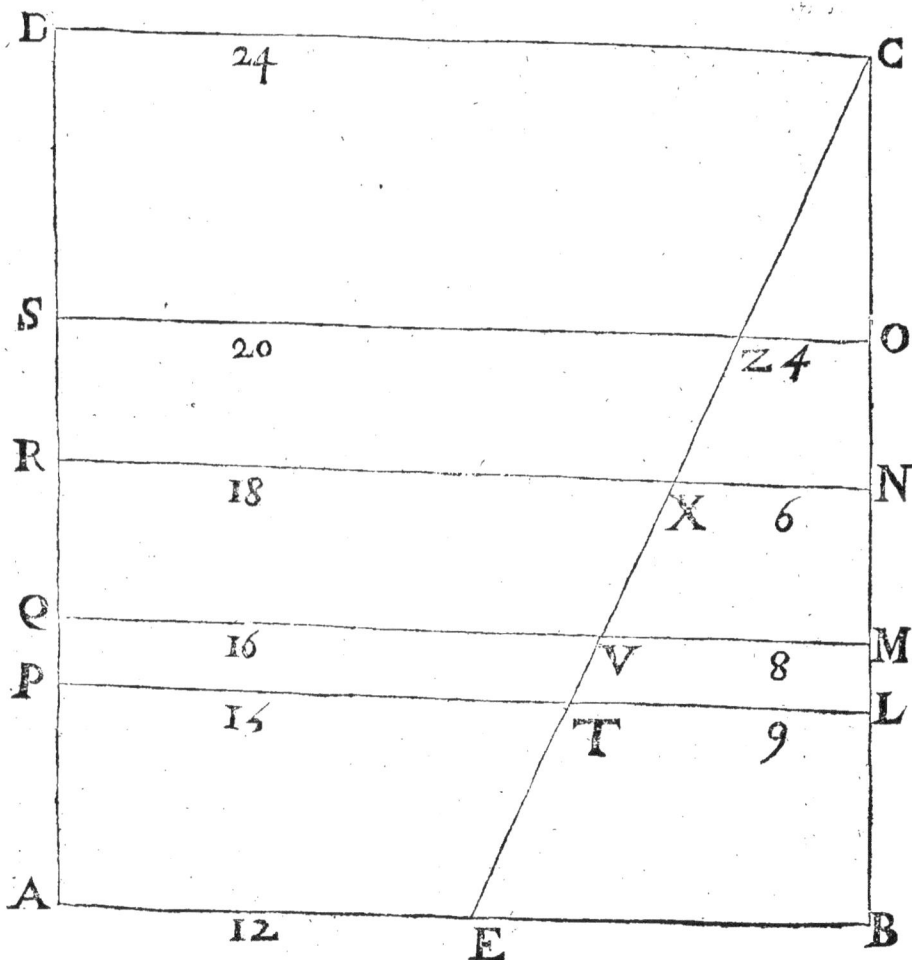

EXTRAIT DV PRIVILEGE.

AR Lettres Patentes du Roy, données à Sainct Germain en Laye le vingt-neufiefme jour d'Auril, l'An de grace Mil six cents trente fept, & de noftre reigne le vingt-feptiefme. Signées, LOVIS, & fur le reply, Par le Roy, de Lomenie : & à cofté eft efcrit Vifa. Seellées du grand fceau de Cire verte en lacs de foye rouge & verte. Par lefquelles il eft permis à Pierre Ballard, feul Imprimeur de la Mufique de fa Majefté, d'imprimer, vendre & diftribuer toute forte de Mufique tant vocale qu'inftrumentale, de tous Autheurs, nonobftant toutes autres Lettres à ce contraires. Faifant defenfes à toutes autres perfonnes de quelque qualité & condition qu'ils foyent, d'entreprendre d'imprimer aucune forte de Mufique tant vocale qu'inftrumentale de quelques Autheurs que ce foit, ny fondre aucuns Caracteres de Mufique, fans le congé dudit Ballard, à peine de Six mile liures d'amende, & de confifcation tant des Caracteres que des exemplaires, ainfi qu'il eft plus amplement declaré efdites Lettres. Sa Majefté voulant auffi qu'à l'Extrait d'icelles, mis au commencement ou fin de chacun des liures imprimez, foy foit adjouftée comme à l'Original, & foyent tenuës pour bien & deuëment fignifiées à tous qu'il appartiendra Et en cas de contrauention aufdites Lettres, s'en eft fadite Majefté referuée, & à fon Confeil, la cognoiffance : faifant defenfes à tous autres luges d'en cognoiftre.

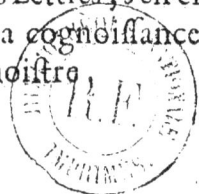

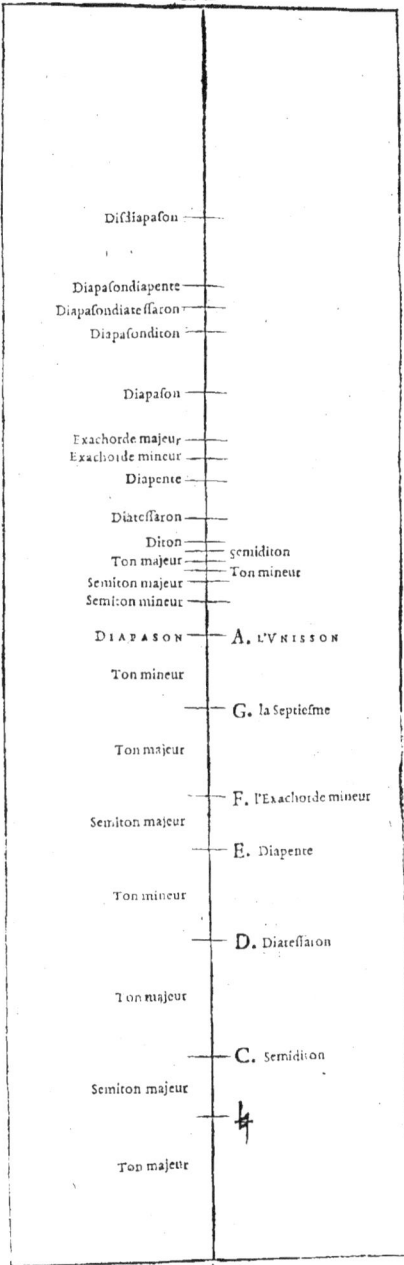

LE MONOCHORDE
auec sa diuision.

H

Disdiapason

Diapasondiapente
Diapasondiatessaron
Diapasonditon

Diapason

Exachorde majeur
Exachorde mineur
Diapente

Diatessaron
Diton — semiditon
Ton majeur — Ton mineur
Semiton majeur
Semiton mineur

DIAPASON — A. L'VNISSON

Ton mineur

— G. la Septiesme

Ton majeur

— F. l'Exachorde mineur

Semiton majeur

— E. Diapente

Ton mineur

— D. Diatessaron

Ton majeur

— C. Semiditon

Semiton majeur

— ♮

Ton majeur

A

V. RÉSER
1574

www.ingramcontent.com/pod-product-compliance
Lightning Source LLC
Chambersburg PA
CBHW050007100426
42739CB00011B/2544